겸재 정선, 조선의 산수를 그리다

빛나는 미술가 5

겸재 정선,
조선의 산수를 그리다

최석조 글 · 조승연 그림

사계절

머리말

정선 이야기를 시작하며

진경 산수화라는 말을 들어 본 적 있나요? 겸재 정선이라는 화가는요?

진경 산수화는 우리 땅의 모습을 우리에게 맞는 방식으로 그린 그림입니다. 조선 후기의 화가 정선이 처음으로 시작하였지요.

정선은 지금으로부터 약 350년 전에 태어났습니다. 김홍도나 신윤복은 중인 출신 화원이었지만 정선은 양반 가문에서 태어났습니다. 하지만 집안이 너무 가난했기에 일찌감치 화가의 길로 들어서게 되었지요.

정선은 중국의 미술 교본을 보면서 홀로 그림을 배워 나갔습니다. 어찌나 열심이었는지 사용한 붓을 땅에 묻으면 무덤을 이룰 정도였답니다. 덕분에 우리 산수화의 부족한 점을 깨닫고 조선적인 산수화를 그릴 바탕을 마련하였습니다.

산수화는 산, 강, 바다, 나무, 바위, 숲 등 자연의 모습을 그린 그림입니다. 정선 이전의 산수화는 대개 중국의 기법을 따라 그렸습니다. 잘못되었다고는 할 수 없지만 진정한 조선 그림은 아니었지요. 정선은 중국 산수화를 모방하는 데에서 벗어나 독창적인 방법으로 산수화를 그리기 시작했습니다. 그러기 위해 우리 땅 구석구석을 누비고 다녔지요. 민족의 명산 금강산은 세 번이나 오르내렸습니다. 한양의 나지막한 산들과 유유히 흐르는 한강, 고려의 옛 도읍지 개성, 동해안의 절경 관동 팔경, 제2의 금강산 단양 팔경,

그리고 경상도의 명승지도 모조리 그림으로 갈무리했습니다. 바로 진경 산수화의 탄생입니다.

그 이후로 터진 봇물처럼 조선 화단에 진경 산수화가 번져 나갔습니다. 김홍도, 강희언, 김윤겸, 김응환, 이인문 등 이름만 들어도 쟁쟁한 화가들이 진경 산수화를 그렸거든요. 진경 산수화는 조선 후기 문화의 황금기를 이끈 우리 그림의 자랑이었지요.

화가 조영석은 '스스로 새로운 화법을 만들어 우리나라 화가들이 똑같은 방식으로 그리는 잘못된 습관을 씻어 버리니 조선적인 산수 화법은 정선에 의해 비로소 새롭게 출발하게 되었다'고 했습니다.

정선은 84살까지 장수하면서 오래도록 붓을 놓지 않았습니다. 나이가 들수록 오히려 불타는 창작열을 과시했지요. 〈인왕제색도〉, 〈금강전도〉, 〈박연폭포〉 등 수많은 대표작이 70~80대에 완성되었습니다. 이런 노력을 인정받아 벼슬도 종2품까지 오르게 됩니다. 불우하게 살았던 많은 다른 화가들에 비하면 정선은 정말 행복한 화가였지요.

정선은 몸집이 자그마했다고 합니다. 그렇지만 그림 솜씨만큼은 거인이었습니다. 진경 산수화를 통해 한국 미술사를 빛낸 작은 거인 정선. 이 글을 통해 그분의 발자취가 어떠했는지 되새김해 보는 좋은 기회가 되었으면 합니다.

2014년 가을 최석조

차례

머리말 • 6

1. 그림이 다가오다 - 가난을 벗 삼아
한성부 북부 순화방 유란동 • 12
가난했던 어린 시절 • 18
공부를 시작하다 • 24
그림과의 첫 인연 • 28
아버지의 죽음 • 31
무엇을 해야 하나 • 34

2. 그림이 말을 걸다 - 금강산 예찬
화가의 길 • 40
결혼과 첫 아들 • 44
중국의 화보와 화론 • 46
진경화에 대한 의욕 • 50
첫 번째 금강산 여행 • 54
최초의 진경 산수화 • 58
다시 금강산으로 • 64
중국에 떨친 이름 • 70

3. 그림에 스며들다 - 화가의 벼슬살이
첫 벼슬, 천문학 겸교수 • 74
하양에서 겪은 비극 • 78
영조, 임금이 되다 • 81
영남 지방 그림 여행 • 85
사직단 소나무 • 89
치솟는 그림 값 • 94
마치지 못한 청하 현감 • 96

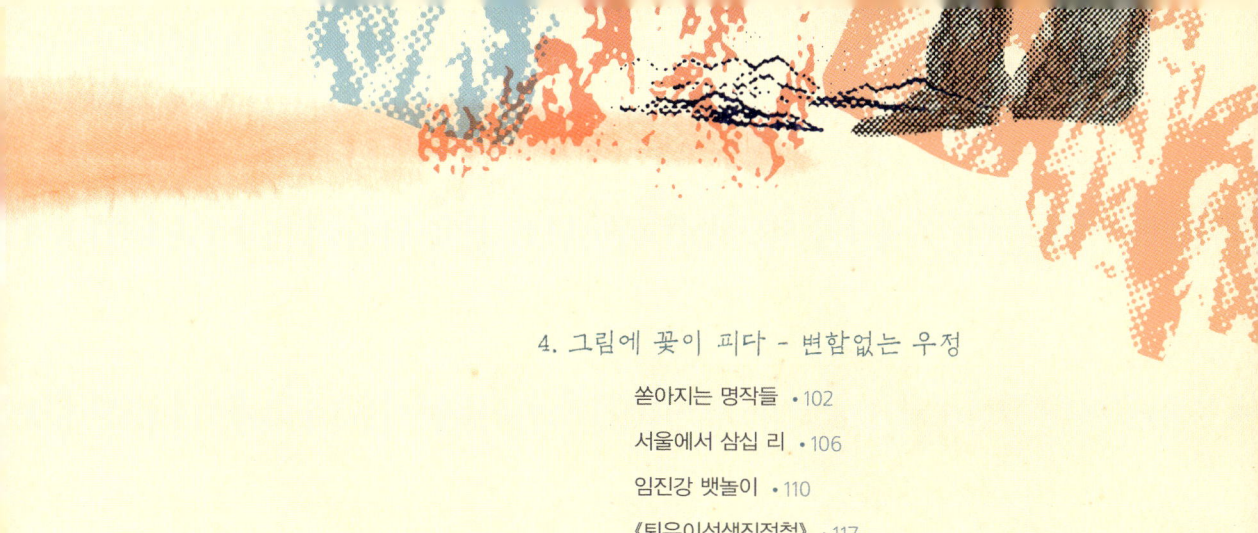

4. 그림에 꽃이 피다 - 변함없는 우정

쏟아지는 명작들 • 102
서울에서 삼십 리 • 106
임진강 뱃놀이 • 110
《퇴우이선생진적첩》 • 117

5. 그림이 인생이다 - 붓으로 쌓은 무덤

세 번째 금강산 여행 • 124
《주역》으로 풀어낸 금강산 • 130
비 개인 뒤의 인왕산 • 137
돋보기안경을 겹쳐 쓰고 • 142
다 이루었다 • 149

부록   정선의 생애 • 154
이 책에 실린 작품 • 156

1. 그림이 다가오다

가난을 벗 삼아

한성부 북부 순화방 유란동

"아직 안 나왔는가?"

뒷짐을 진 채 마당을 왔다 갔다 하던 정시익이 연신 방에다 대고 물었습니다. 입술은 바짝 탔고 목도 갈라 터진 소리였습니다. 그러나 부인의 고통스러운 신음 소리만 들릴 뿐 방 안에선 아무 대답이 없습니다. 산통이 시작된 지 오래되었건만 아기는 나올 기미조차 보이지 않네요.

"설마, 잘못되는 건 아니겠지."

정시익은 고개를 세차게 흔들었습니다. 결혼한 지 10년이 넘도록 자식이 없던 그입니다. 처음에는 대수롭지 않게 여겼지만 나이가 마흔을 바라보게 되자 날이 갈수록 초조해졌습니다. 하지만 용하다는 약을 다 써 보아도 소용이 없었습니다. 자식 복 없는 것도 하늘의 뜻인가 보다 하며 그만 포기하려는데 용케도 부인 박씨가 아기를 가졌습니다.

그렇게 귀하게 들어선 자식인데, 나올 때가 되니 또 한 번 아비의 애를 태웁니다. 정시익은 마른 침을 입술에 발라 가며 귀를 쫑긋 세웠습니다. 얼마가 더 지났을까, 마침내 우렁찬 아기 울음소리가 들렸습니다.

"아들입니다."

방문을 열고 나오는 산파 할멈의 표정이 밝습니다. 정시익은 부리나케 방 안으로 뛰어들었습니다. 먼저 기진맥진해 누워 있는 부인을 향해 고생했다는 말을 건넸습니다.

"녀석, 잘도 생겼네. 나오려면 좀 일찍 나오지. 어미를 이렇게 힘들게 하다니."

"힘들게 낳은 아이가 더 튼튼하대요."

"아무렴, 그렇고말고! 큰 벼슬도 한 자리 해서 우리 집안을 다시 일으킬 거요."

부인도 아기를 바라보며 환하게 웃었습니다. 귀하게 얻은 자식이니만큼 아무 탈 없이 자라 주기만 해도 바랄 게 없었지요. 부인은 무엇보다 아이의 이름이 궁금해 물었습니다.

"이름? 그야 장인어른께 부탁해야지요."

정시익은 바삐 집을 나서면서도 사립문에 새끼줄 다는 것은 잊지 않았습니다. 늘어뜨린 새끼줄 가운데 매달린 빨간 고추가 유난히 돋보입니다. 안도의 숨이 절로 나왔습니다. 결혼하고 얻은 가장 큰 기쁨이었습니다.

정시익이 사는 곳은 '한성부 북부 순화방 유란동'(현재 서울시 종로구 청운동. 경복궁 바로 뒤편)입니다. 서쪽으로 인왕산의 뒤통수가 살짝 보이고 동쪽 바로 옆에는 백악산이 무너져 내릴 듯 서 있는 동네지요. 북쪽에는 한양 성곽이 두 산을 이어 주는 낮은 능선을 길게 탄 채 동네를 아늑하게 품어 주고 있었습니다. 정시익의 장인 박자진의 집은 유란동에서 인왕산 쪽으로 개울 하나만 건너면 있었습니다. 인왕산 아래 청풍 계곡에 위치해 있었거든요. 엎어지면 코 닿을 곳이라 어려운 일이 생길 때마다 찾아가곤 했지요.

박자진의 집은 '풍계유택'이라는 이름으로 불리었는데, 울창한 나무에 둘러싸인 기와집을 보면 상당한 부자였음을 알 수 있지요. 옆의 그림 〈풍계유택〉은 정선이 71세 되던 해에 그린 외갓집 모습입니다.

"정서방 축하하네. 그동안 얼마나 마음고생이 많았는가?"

"모두 장인어른 덕분이지요. 오늘도 또 부탁이 있어서 왔는걸요."

박자진은 짐작하고 있었다는 듯 글씨가 적힌 종이를 건네주었습니다.

"선(敾)이라 부르면 어떻겠나? 귀한 아이인 만큼 세상에 없는 글자를 새로 만들었지. 애써 착한 일을 행하라는 뜻을 담았네."

"선, 선, 정선이라!"

정시익은 아이의 이름을 되풀이해 불러 보았습니다. 부를수록 정이 가는 이름이었습니다. 게다가 한 대 걸러 다음 대에는 외자로 이름을 쓰는 정시익의 집안에 잘 맞는 이름이었지요.

세상에 없는 글자를 만들어 이름을 썼으니 세상에 없던 것을 만들어 내야 하는 운명이었을까요? 이 아이가 바로 조선의 새로운 그림 진경 산수화를 처음으로 선보인 화가 정선입니다.

정선은 이렇게 정시익의 늦둥이로 세상에 왔습니다. 1676년 1월 3일, 조선 제19대 임금 숙종이 왕위에 오른 지 3년째 되던 해였습니다.

《퇴우이선생진적첩》 중 〈풍계유택〉 1746년

가난했던 어린 시절

정선이 태어나기 40년 전, 조선은 큰 난리를 겪었습니다. 중국 대륙에 새로 생겨난 청나라가 세력을 키우더니 군사를 일으켜 조선에 쳐들어왔거든요. 임진왜란으로 온 나라가 처참하게 짓밟힌 지 얼마 안 되어 일어난 이 전쟁을 병자호란이라 부릅니다.

16대 임금 인조는 남한산성으로 피신해 한 달 동안 버텼지만 1637년 1월에 저항을 포기하고 항복했습니다. 인조 임금은 청나라 태종에게 삼배구고두례(청나라 황제에게 세 번의 큰 절을 하고 아홉 번 이마를 땅바닥에 찧는 예)를 하는 치욕을 당했고, 세자를 비롯해 많은 신하와 백성들이 청나라로 끌려가 고통을 당했지요.

인조의 뒤를 이은 효종도 병자호란 때 청나라에 볼모로 끌려가 고난을 겪은 경험이 있습니다. 청나라에 대한 원한이 깊었던 효종은 임금이 되자마자 청나라를 치기 위해 북벌을 계획했습니다. 효종은 김상헌, 송시열 등의 신하를 앞세워 나라의 힘을 기르며 북벌을 준비했으나 얼마 못 가 세상을 뜨고 말았습니다. 자연히 북벌 계획도 흐지부지될 수밖에 없었지요.

조선에는 청나라를 미워하는 사람들이 많았지만 그들의 앞선 문물을 받아들이자는 사람들도 생겨났습니다. 그림 분야에서도 새로운 기법이 꾸준히 조선으로 전해지고 있었지요. 이러한 사정은 나중에 정선이 진경산수화를 그리는 데 큰 도움이 되었습니다.

늦둥이로 태어난 정선은 온 집안의 사랑을 듬뿍 받으며 자랐습니다. 특히 아버지는 정선에게 거는 기대가 컸습니다. 정선의 집안은 고조할아버지가 종2품 동지중추부사를 지낸 양반 가문이었으나 증조할아버지부터 아버지까지 3대에 걸쳐서는 벼슬을 하지 못했습니다. 내세울 것 하나 없는, 그야말로 이름뿐인 양반 가문인 셈이었지요. 정선이 자라 옛날의 영광을 되찾아 주길 바라는 기대는 결코 욕심이 아니었습니다.

게다가 정선의 집안 형편은 넉넉하질 못했습니다. 벼슬을 못하니 녹봉이 없었고, 아버지가 막내라 물려받은 땅도 거의 없었습니다. 가까이 살던 큰아버지들의 도움으로 그럭저럭 살림을 꾸려 가고 있었지요. 그런데 어느 날 갑자기 큰아버지 두 분이 고향인 전라도 나주로 내려가게 되었습니다.

"미안하다 시익아. 앞으로 얼마나 살지 모르니 남은 생은 고향에서 보내고 싶구나."

"형님이 떠나시면 저는 어떻게 살라고요?"

"농사지은 쌀을 보내 줄 테니 살림에 보태도록 해라. 늙으신 어머니를 너한테 모시도록 하는 게 마음에 걸린다."

정시익은 형님들이 떠난 한양에 홀로 남아 어머니까지 모시게 되었습니다. 어려움이 많았지만 어머니를 봉양하고 있는지라 친척들의 도움을 받으며 겨우겨우 생활을 꾸려 갈 수 있었습니다.

1681년, 정선이 6살 되던 해에 큰아버지 정시설이 세상을 떠났습니다. 큰아버지의 죽음은 정선의 가정에도 영향을 끼쳤습니다. 나주에서 올라오던 도움의 손길이 끊어져 버렸거든요. 안 그래도 어려운 살림이 더 나빠졌습니다. 정선의 외할아버지 박자진이 도와주려 했지만 자존심이 강했던 정시익은 처가의 도움을 거절했습니다. 하는 수 없이 외할아버지는 몰래 어머니를 통해 표 나지 않게 도움을 주곤 했습니다.

아직 어리기만 한 정선은 가난이 뭔지 몰랐습니다. 친구들과 어울려 마음껏 산과 들을 누비고 개울을 건너뛰며 놀기 바빴지요. 백악산과 인왕산을 놀이터 삼고 제집 안마당인 양 오르내렸습니다. 놀다 보면 끼니를 거르기 일쑤였고 옷이 해지거나 얼굴이 긁히는 날도 많았습니다. 그래도 아랑곳하지 않고 친구들과 함께 산 구석구석을 훑고 다녔습니다.

정선이 자주 간 곳은 인왕산 꼭대기에 있는 부침바위였습니다. 부침바위는 구멍이 송송 뚫린 이상한 모양을 하고 있었지요.

"아! 참 신기한 바위다."

"이 부침바위에 빌면 무슨 소원이든 이루어진대."

"그래? 나는 날마다 쌀밥을 먹으면 원이 없겠다."

정선은 정말로 소원이 이루어지는 양 눈을 감고 마음속으로 빌고 또 빌었습니다.

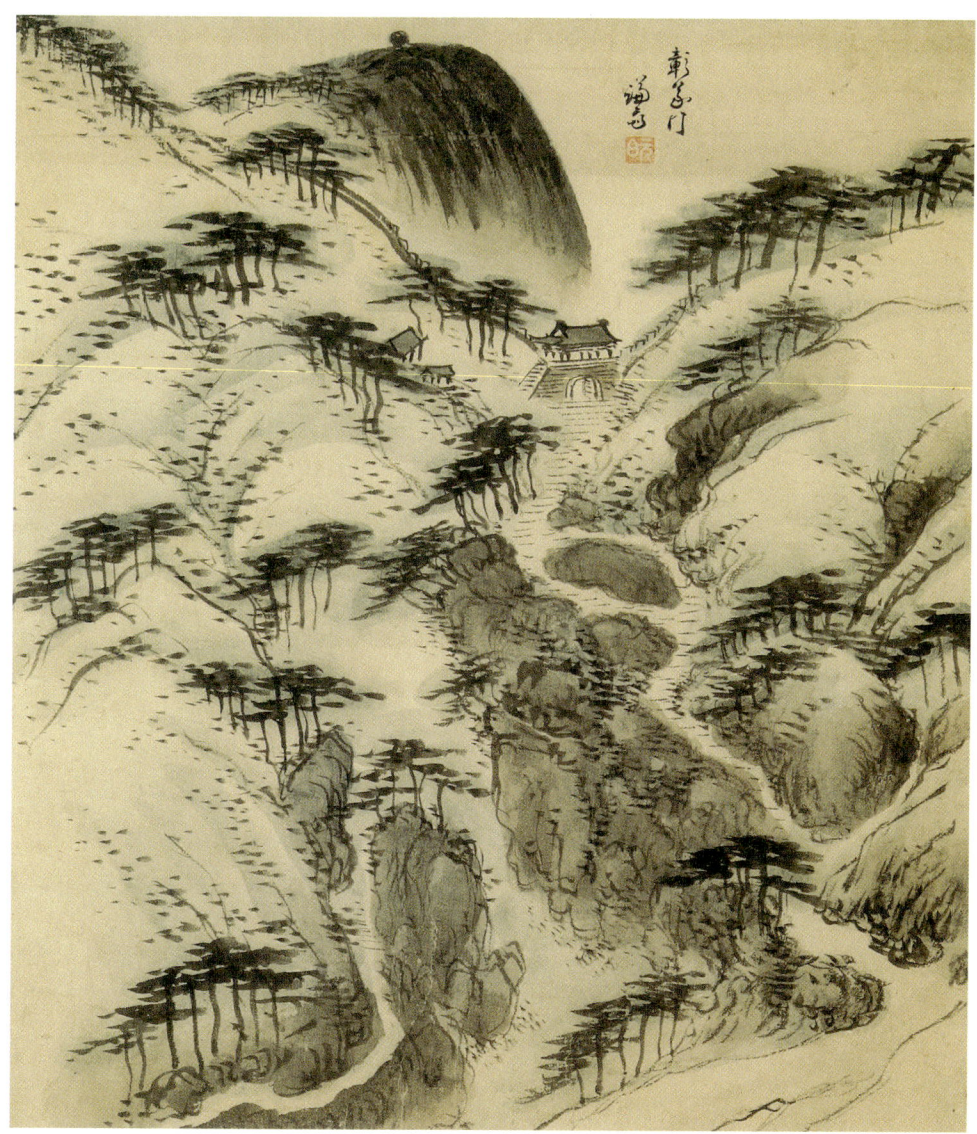

〈창의문〉

앞의 그림 〈창의문〉을 보세요. 맨 꼭대기에 중간에서 살짝 왼쪽으로 콩알만한 점 하나 보이나요? 바로 이게 부침바위랍니다. 창의문은 한양 성문 8개 중 하나인데, 정선이 살던 유란동에서 북쪽으로 얼마 떨어지지 않은 곳에 있었습니다. 정선은 정말 부침바위가 소원을 이루어 준다고 믿었을까요? 〈인왕제색도〉나 〈인곡유거도〉에도 멀리서는 보이지도 않는 부침바위를 빠뜨리지 않고 그려 넣었거든요.

어둑어둑할 무렵에야 집에 돌아오면 아버지는 동네 어귀까지 마중 나와 기다리고 있었지요. 아버지는 정선을 나무라지 않았습니다. 집에 있다고 해서 살림에 도움을 줄 리도 없는 데다 워낙 귀한 자식이니 보기만 해도 행복했기 때문입니다.

정선이 7살 때 동생 정유가 태어났습니다. 아들을 하나 더 얻은 정시익의 기쁨은 이루 말할 수 없이 컸습니다. 하지만 동생까지 생기자 살림은 더욱 쪼들리게 되었습니다.

공부를 시작하다

정선이 7살이 된 어느 날이었습니다. 그동안 마음대로 놀고 다녀도 나무라지 않던 아버지가 정선을 불러 앉혔습니다.

"선아, 이제 너도 공부할 나이가 되었다. 집안 사정이야 네가 더 잘 알거다. 우리 집안을 일으켜 세울 사람은 너밖에 없다는걸."

"네, 아버지."

"우리 동네에 사는 육창 형제가 학문이 높다고 들었다. 외할아버지께서도 적극 추천해 주시더라. 마침 셋째인 김창흡이 학당을 연다니 거기에 다니면 어떻겠느냐?"

육창 형제는 영의정 김수항의 여섯 아들을 가리키는 말입니다. 맏형 김창집을 비롯한 김창협, 김창흡, 김창업 모두 학문과 예술에 능했지요. 그 중에서 정선이 가르침을 받은 김창흡은 온순한 성격에 벼슬 욕심도 없는 사람이었습니다. 경치 좋은 곳을 찾아다니며 시 쓰는 것을 가장 큰 즐거움으로 삼고 있었지요.

정선은 김창흡이 연 학당에 다니기 시작했습니다. 학당에는 많은 사람들이 들락거렸는데, 정선은 그 중에서도 가장 어렸습니다. 게다가 체구마

저 작아 모두들 주저 없이 꼬맹이라 불렀습니다.

"어이, 꼬맹이! 오늘도 안 빠지고 왔군."

그럴 때마다 정선은 부끄러워 아무 대꾸도 못한 채 고개만 숙였습니다. 짓궂은 몇몇은 성가시게 놀리기도 했지만, 사람들은 대부분 정선을 귀여워했습니다. 나이도 어린 아이가 형들과 섞여 앉아 공부하는 모습이 대견했기 때문입니다.

정선은 공부를 마치면 늘 외갓집을 찾았습니다. 바로 옆 동네라 자연스레 들르게 되었지요. 외할아버지는 정선을 끔찍이도 아껴 주었습니다.

"오, 우리 선이 왔느냐. 오늘도 공부는 잘했겠지?"

정선은 대답 대신 웃으며 외할아버지 품에 와락 안겼습니다. 할아버지의 품은 언제나 따뜻했습니다. 그런 날에는 할아버지가 숨겨 두었던 곶감이나 엿을 실컷 먹을 수도 있었지요.

매서운 겨울이 시작되려는 11월 어느 날, 아침부터 외할아버지가 정선의 집에 들렀습니다.

"선아, 오늘은 할아버지가 어디 좀 다녀올 데가 있다."

"어디를요? 같이 가면 안 돼요?"

"너무 멀어. 수원까지 가야 하니까."

"뭐 하러 가시게요?"

"우암 송시열 선생이 지금 수원 무봉산에 내려와 계셔. 어서 가서 우리 집 가보인 〈주자서절요서〉에 친필을 받아야겠다."

《퇴우이선생진적첩》 중 〈무봉산중〉 1746년

〈주자서절요서〉는 퇴계 이황이 성리학의 핵심 내용을 뽑아서 정리한 책입니다. 특이하게도 이황에서부터 박자진까지 외가로만 전해져 왔지요. 이 책을 받았다는 건 퇴계 학문의 전통을 이었다는 상징적인 의미가 있습니다. 박자진은 나중에 때가 되면 당연히 외손자인 정선에게 이 책을 물려주리라 생각했습니다. 그래서 송시열을 만나러 가기 전에 일부러 정선에게 알려준 겁니다.

무봉산을 찾은 외할아버지는 송시열로부터 〈주자서절요서〉에 책이 전해져 온 내력을 밝히는 글을 받아 왔습니다. 그런 다음 정선을 불러다 앉히고는 자세한 설명까지 곁들여 이야기해 주었습니다. 이 일이 정선에게는 굉장히 인상 깊었나 봅니다. 나중에 외할아버지와 송시열이 무봉산에서 만나는 장면을 그림으로 남기거든요. 그 그림이 바로 옆에 있는 〈무봉산중〉입니다. 정선이 71살 때 그린 그림인데, 정자 아래 갓을 쓴 이가 외할아버지, 수염이 허연 사람이 송시열입니다.

그림과의 첫 인연

정선은 부지런히 학당을 드나들었습니다. 천자문이야 학당을 들어오기 전에 벌써 떼었다지만 공부 시간에는 알아듣지 못하는 내용이 더 많았습니다. 나이 든 학생들을 중심으로 가르쳤기 때문입니다. 그래도 정선은 하루도 빠지지 않고 꼬박꼬박 참석했습니다. 아버지는 그런 아들을 흐뭇한 눈빛으로 바라보았습니다. 나이가 차면 과거 시험에 합격해 기울어진 집안을 일으켜 세우리라 믿어 의심치 않았지요.

학당에서는 가끔 그림을 그리는 날도 있었습니다. 그림도 선비들이 갖추어야 할 중요한 교양이었거든요. 나른한 오후 시간에는 머리도 식힐 겸 그림 그리기가 제격이었지요. 정선도 형들 틈에 끼어 열심히 그림을 그렸습니다. 소매와 얼굴에 먹물이 튀어 묻을 때도 많았습니다. 그럴 때는 서로 손가락으로 가리키며 깔깔 웃어 댔습니다. 그림은 공부와는 또 다른 재미가 있었습니다.

이 날도 정선이 학생들과 모여 앉아 그림을 그리는데 뒤에서 누군가 말을 걸어왔습니다.

"너, 제법 그리는구나."

낯익은 형이었습니다. 정선은 흘낏 쳐다보고는 다시 그림에 열중하였습니다.

"꼬맹이가 제법이긴 하다만……. 어디 내가 좀 봐 줄까?"

"안 돼요! 이건 내 그림이야."

"하하. 녀석, 성질머리 하고는!"

정선이 붓을 확 움켜잡자 그는 웃으며 자리를 떠났습니다. 괜히 목청을 높였나 싶어 조금은 미안한 마음이 들었습니다.

'누구지? 아하, 이병연 형이구나! 시를 그렇게 잘 짓는다지. 하지만 남의 그림에 웬 참견이람.'

다음 날에도 정선은 그림을 그렸습니다. 이 날따라 날씨가 좋아 숲속 그늘에서 낮잠을 자는 학생이 많아 정선 혼자 앉아 있었지요.

"이 아이옵니다."

뒤에서 이병연의 목소리가 들렸습니다. 옆에는 스승의 동생인 김창업이 함께 서 있었습니다. 정선은 벌떡 일어나 두 손을 모으고 인사를 드렸습니다.

"네가 정선이냐? 소문대로 제법이로구나."

김창업은 그림 솜씨가 뛰어났습니다. 그의 아버지가 공부에 방해되니 그만 손을 떼라고 충고할 정도였지요. 아마도 그림 잘 그리는 아이가 있다는 이병연의 말을 듣고 어떻게 그리는지 보러 온 듯했습니다. 정선과 이병연을 번갈아 바라보던 김창업이 말했습니다.

"둘이 서로 친구하며 지내도록 해라. 병연이는 시를 잘 짓고 선이는 그림을 잘 그리니 도와 가며 공부하면 좋겠구나."

이병연은 친구하라는 말이 뭐 그리 좋은지 연신 싱글벙글 웃었습니다. 다섯 살이나 많은 형이면서……. 정선도 따라서 그만 피식 웃고 말았습니다. 그러면서도 칭찬을 들은 가슴에 작은 파문이 일었습니다. 하지만 마음에 두지 않기로 했습니다. 아버지는 분명 이렇게 이야기할 겁니다.

"큰일 해야 할 사람이 그림 따위에 마음을 쏟아서는 안 된다."

공부할 시간도 빼앗기고 천한 잡기에 능하다는 소리를 들을까 봐 염려하실 게 뻔했거든요.

아버지의 죽음

정선은 학당에 다니는 일이 재미있었습니다. 모두들 귀여워해 주는 데다 날마다 새로운 지식을 얻는 것이 신 났습니다. 게다가 그림 칭찬까지 받으니 절로 어깨가 으쓱했지요. 이병연과 너나들이하면서 이야기꽃을 피우는 일도 즐겁기만 했습니다. 벌써 코밑에 수염이 거뭇거뭇한 이병연은 정선을 친동생처럼 잘 챙겨 주었습니다. 어떤 때는 밤늦도록 마주앉아 자신들의 장래에 관해 시간 가는 줄 모르고 이야기를 나누기도 했습니다.

무엇보다도 그림 그리는 시간이 좋았습니다. 오전 공부를 마치고 점심까지 굶어 가며 그림을 그리고 있노라면 시간이 멈춘 듯했습니다. 붓을 잡고 있으면 손이 저절로 움직인다는 생각이 들 때도 있었습니다. 해질 무렵 손에 묻은 먹물을 씻고 집으로 터덕터덕 돌아오는 길은 무언가 보람 있는 일을 했다는 자부심에 가슴이 벅찼습니다.

학당을 오가며 보는 인왕산과 백악산 풍경은 언제나 아름다웠습니다. 인왕산의 희끗희끗한 화강암 덩어리는 볼 때마다 신기했지요. 가끔은 걷다가 멈춰 서서 인왕산 풍경을 땅바닥에 그려 보기도 했습니다. 그림에 푹 빠져 있는 자신을 의식할 때면 아버지에게 미안한 마음도 들었습니다. 그렇지만 자꾸 붓으로 손이 가는 건 어쩔 수 없었습니다. 그림을 그릴 때는 모든 걱정이 씻은 듯 사라졌습니다. 그림만 그릴 수 있다면 아무리 가난해도 괜찮다는 생각이 언뜻 들 때면 화들짝 놀라기도 했지요. 그러나 이러한 작은 행복은 오래 가지 못했습니다.

1689년 새해가 밝았습니다. 정선의 나이도 벌써 14살입니다. 설 차례를 지내자마자 맞는 1월 3일 정선의 생일. 변변치 못한 살림이지만 어머니는 어김없이 쌀밥에 미역국을 끓여 주었습니다. 정선은 미역국을 뚝딱 한 그릇 비우고 학당으로 나갔습니다. 새해 초라 사람도 별로 없었습니다. 공부에 집중이 되지 않아 점심 무렵 책 보따리를 싸려는데 동생 정유가 울면서 학당으로 들어섰습니다.

"형, 아버지가……. 엉엉엉!"

싸던 보따리를 팽개치고 집으로 돌아오니 집안은 온통 울음바다였습니다. 어머니가 흐느끼며 무너지듯 정선을 안았습니다. 사람의 인생은 한치 앞을 모른다더니, 아침 밥 먹을 때도 멀쩡하던 아버지가 이렇게 갑자기 돌아가실 줄 누가 알았겠습니까. 아버지의 나이는 이제 겨우 52살이었습니다. 자신의 생일이 아버지 제삿날이 되어 버린 정선은 할 말을 잊은 채 고개를 떨구고 말았습니다.

뿐만 아니라 나라 사정도 급하게 돌아갔습니다. 새해 첫머리에 떨어진 숙종의 한 마디로 조정은 소용돌이에 휘말린 듯 혼란스러웠거든요.

"이번에 태어난 장씨의 소생을 원자로 삼고자 한다."

숙종은 왕비 인현왕후가 아들을 낳지 못하자 희빈 장씨의 아들을 원자(아직 왕세자에 책봉되지 않은 임금의 맏아들)로 삼으려 했습니다. 신하들이 거세게 반대하자 숙종은 그 우두머리 격인 송시열을 제주도로 귀양 보낸 다음 사약을 내렸습니다. 송시열을 따르던 이이명, 김만중, 김수항 등도 죽거나 귀양을 갔습니다. 이윽고 5월에는 인현왕후마저 궁궐에서 쫓겨나고 희빈 장씨는 왕비가 되었습니다.

정선이 다니는 학당에도 거센 바람이 휘몰아쳤습니다. 스승의 아버지 김수항의 죽음으로 형제들은 뿔뿔이 흩어질 수밖에 없었지요. 스승은 학당 문을 닫아걸고 아예 산속으로 들어가 버렸습니다.

학당이 문을 닫으니 공부할 곳이 없어졌습니다. 울고 싶은데 뺨을 때려 주었다고나 할까요. 책이 손에 잡힐 리 없고 붓 드는 게 신 날 리 없습니다. 그렇지 않아도 아버지가 돌아가신 뒤부터 하기 싫어진 공부, 차라리 잘 되었다 싶었습니다.

집안 형편도 더욱 나빠졌습니다. 어머니 혼자 여동생까지 2남 1녀를 거느리고 생계를 꾸려야 했습니다. 하루하루 입에 풀칠하기도 힘겨웠습니다. 정선과 이웃해 살았던 선비 조영석의 말을 들어 보면 '정선은 어릴 때부터 밥과 반찬이 없는 끼니조차 거르기가 다반사였다'고 합니다. 오죽하면 동생 정유를 먼 친척집의 양자로 보내야만 했을까요. 첫 벼슬에 나갈 때까지, 가난은 이처럼 정선을 괴롭히는 최대의 적이었습니다.

무엇을 해야 하나

정선은 아버지의 죽음을 받아들이기가 힘겨웠습니다. 가난하지만 행복했던 때를 떠올리면 눈물이 비 오듯 쏟아졌습니다. 양반가의 체면도 마다하며 삯바느질로 근근이 풀칠하는 어머니를 보면 가슴이 먹먹해졌습니다. 가난 때문에 남의 집에 양자로 들어간 동생을 생각하면 마음은 갈기갈기 찢어졌습니다. 그러나 열네 살 소년 정선이 할 수 있는 일은 아무것도 없었습니다.

그렇다고 공부에 집중하지도 못했습니다. 스승도 떠나고 함께 공부하던 학생들도 뿔뿔이 흩어졌습니다. 아버지를 위해 공부했는데 이제 무슨 낙으로 책을 펴나 싶었습니다. 내일은 세상이 달라지리라는 기대를 품고 잠들어 보지만 아침에 눈을 뜨면 모든 것이 그대로였습니다. 그럴 때면 아무도 없는 학당에 나가 수변을 서성거렸습니다. 힘써 공부하고 즐겁게 그림을 그리던 추억이 새록새록 솟아났습니다.

"어, 선이 아니야?"

"병연 형, 여긴 어쩐 일이야?"

이병연도 마음이 어수선해 학당을 찾은 겁니다. 서로의 안부를 주고받던 중에 병연은 내일부터 마음을 다잡고 공부에 전념하겠다는 각오를 밝혔습니다.

"조선 최고의 시인이 될 거니까."

"형은 목표라도 있으니 좋겠어."

"그런가? 아무튼 나는 네가 걱정이야. 언젠가는 좋은 세상이 올 테니까, 그때를 위해서라도 공부는 계속하는 게 옳지 않겠어?"

"마음이 잡혀야 말이지."

"그림을 그려 봐. 그림 그리면 마음이 편해진다고 했잖아."

두 사람은 함께 백악산에 올랐습니다. 발아래 저만치에 임진왜란 때 불타 폐허가 된 경복궁이 눈에 들어왔습니다. 정선이 혼잣말처럼 중얼거렸습니다.

"저 궁궐도 화려한 봄날이 있었겠지. 나의 봄은 언제 되찾을 수 있을까?"

정선은 좀처럼 마음을 잡을 수 없었습니다. 툭하면 집을 나가 밤을 새우고 돌아오기 일쑤였습니다. 그러나 어머니는 정선을 탓하지 않았습니다. 워낙 심성이 고운 아이니 예전 같은 모습으로 돌아오리라 믿고 기다렸습니다. 그러한 정선의 마음을 다잡아 준 사람은 외할아버지였습니다.

"고생하는 어머니를 보면 마음이 아픕니다. 저도 돌아가신 아버지의 바람대로 열심히 공부하고 싶어요. 그런데 책만 잡으면 온갖 잡생각이 몰려드니 어찌해야 할지 모르겠습니다."

"선아, 꼭 공부를 해서 과거 시험에 붙어야만 성공하는 건 아니다."
"네?"
"네가 잘 하는 게 있지 않느냐. 그림만 그리면 마음이 편해진다면서."
"그렇긴 하지만……. 아무짝에도 쓸모없는 그림은 그려서 무엇 합니까?"
"혹시 김시라는 분을 아느냐?"

김시는 정선보다 약 150년 앞서 태어난 사람입니다. 아버지 김안로가 최고의 권력가였는데 하루아침에 역적으로 몰려 죽고 말았습니다. 아버지가 대역 죄인이 되었으니 아무리 집안이 좋아도 김시는 벼슬을 할 수 없었습니다. 그러나 그림에 재주가 있었던지라 화가의 길로 들어서서 자신의 삶을 새로이 개척했지요.

"지금 네 처지가 힘들다는 건 안다. 집안도 어렵고 공부할 데도 마땅치 않고. 그렇지만 세상은 변하는 법이다. 분명 너에게도 기회가 올 것이야."

정선은 고개를 푹 숙인 채 외할아버지의 말씀을 묵묵히 듣고만 있었습니다.

"예전에 너의 스승과 잠깐 이야기를 나눈 적이 있었다. 지금 조선에는 아름다운 우리 강산의 모습을 제대로 그려 내는 화가가 없다고 하더라. 네가 그런 화가가 될지도 모르지 않느냐."

"……."

"어쩌면 하늘도 네 운명을 알고 일부러 시련을 주신 게 아닐까?"

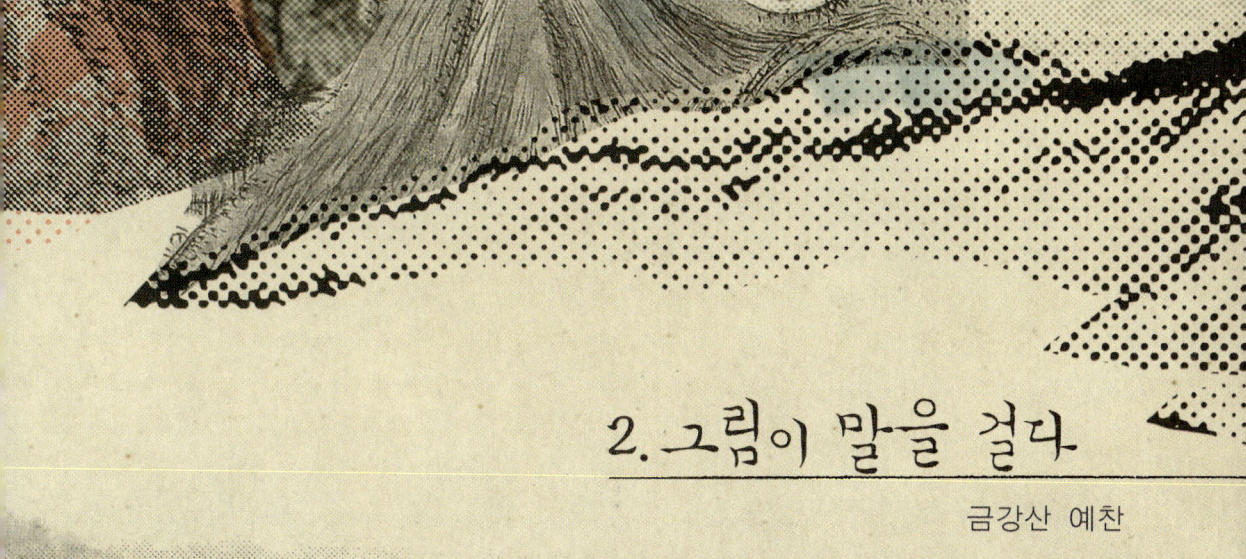

2. 그림이 말을 걸다

금강산 예찬

화가의 길

아버지가 돌아가신 지도 벌써 5년이 흘렀습니다. 정선은 어엿한 19살 청년이 되었지요. 정선은 외할아버지의 말씀대로 배움에 힘썼습니다. 정선의 관심을 끈 책은 《주역》이었습니다.

《수역》은 우주 만물의 변화와 세상 돌아가는 원리를 담은 책입니다. 이 책에 따르면 세상은 음양과 오행의 원리로 움직입니다. 지금 우리가 사용하는 요일인 '월화수목금토일'도 바로 음양오행의 내용에서 비롯된 것이지요. 인간의 삶과 운명, 세상 돌아가는 원리가 궁금했던 정선에게 《주역》은 어느 정도 답을 주었습니다. 꼭 과거 시험에 합격하여 높은 벼슬을 해야겠다는 집착도 덜 수 있었습니다.

글공부를 하는 틈틈이 그림 공부도 했습니다. 가르쳐 줄 스승이 없어 유행하던 그림을 보며 구도나 준법을 익혔습니다. 이때는 조선 중기를 휩쓸던 김시, 김명국의 절파 화풍이 시들해지고 남종화가 유행하기 시작한 때입니다.

남종화는 화가의 내면세계를 표현한 그림입니다. 화려한 색과 능숙한 손기술을 중시하는 북종화와 달리 그리는 사람의 마음을 중요하게 여겼습니

다. 그러기에 더욱 품격 높은 그림으로 평가 받았지요. 조선에서는 주로 문인(선비)들이 많이 그려서 '남종 문인화'라고도 부릅니다. 정선은 고상한 선비 정신이 담긴 남종화의 매력에 흠뻑 빠져들었습니다.

1694년, 세상은 또 한 번 뒤바뀌었습니다. 쫓겨났던 인현왕후가 복위되고 왕비의 자리에 올랐던 장씨는 빈으로 낮춰졌습니다. 죽임을 당했던 송시열, 김수항 같은 신하들도 죄가 없음을 인정받아 명예를 회복하게 되었지요.

"참, 인생사 새옹지마로구먼."

"글쎄 말이야. 이렇게 빨리 다시 모여 공부하게 될 줄은 몰랐어."

"너무 좋아들 하지 말게. 또 언제 세상이 바뀔지 아는가. 그때는 다시 낙동강 오리알 신세야."

뿔뿔이 흩어졌던 학생들이 오랜만에 학당에 모여 웃음꽃을 피웠습니다. 금방이라도 다시 학당 문을 열고 공부를 시작할 수 있을 것만 같았습니다. 그런데 스승 김창흡은 한양으로 돌아오지 않았습니다. 설악산에 집을 지은 채 아예 눌러앉아 버렸지요. 워낙 자연과 벗 삼아 지내길 좋아하고 권력 다툼에 넌더리가 난 터라 여행이나 즐기며 살기로 작정한 겁니다. 스승의 가르침을 원했던 정선은 실망이 컸습니다.

이뿐이 아닙니다. 9월 25일, 외할아버지 박자진이 세상을 떠났습니다. 위독하다는 전갈을 받고 달려간 정선은 가쁜 숨을 몰아쉬는 할아버지의 손을 잡았습니다.

"선아, 네 손이 벌써 이렇게 야물어졌구나. 이제 편히 눈을 감을 수 있겠다."

"할아버지, 무슨 말씀이세요. 어서 일어나셔야지요."

"난 틀렸다. 살 만큼 살았으니 됐다. 너도 이렇게 컸고 세상도 바뀌었으니 죽어도 여한이 없구나."

"할아버지!"

"스승이 없다고 배움을 게을리 하지 말거라. 네가 원하는 길이라면 누가 뭐래도 기꺼이 가도록 해라."

외할아버지는 마치 정선의 앞길을 내다보는 것 같았습니다. 정선은 외할아버지의 유언을 가슴에 담았습니다.

결혼과 첫 아들

"예? 결혼을 하라고요?"

정선은 갑자기 웬 뚱딴지 같은 소리냐는 듯 어머니를 쳐다보았습니다.

"너도 벌써 장가갈 나이가 지났다. 아버지도 너를 늦게 봤지 않느냐. 집안 내력이 될까 봐 걱정이야."

"그래도 그렇지……."

"왜, 싫으냐?"

"아, 아닙니다. 너무 갑작스러운 말씀이라서."

"나도 빨리 손자를 보고 싶구나."

정선도 내심 싫지는 않았습니다. 결혼해서 아이까지 두고 있는 이병연을 보면 부러울 때가 많았거든요. 가난한 자신에게 시집올 여자가 있을까 걱정했는데 어머니가 보아 둔 며느릿감이 있다니 기분이 좋았습니다.

정선은 이렇게 20대 중반에 송규병의 장녀 연안 송씨와 결혼합니다. 송규병은 정선의 사람 됨됨이만 믿고 가난한 집안에 선뜻 딸을 내주었습니다.

건넌방에 살림을 차린 정선은 깨소금 맛 나는 단란한 신혼 생활을 시작했습니다. 좀 늦긴 했지만 29살인 1704년에 첫 아들 만교도 얻었습니다.

아내를 얻고 아들까지 생기자 가난한 집안에도 생기가 넘쳤습니다. 큰 웃음소리가 사립문 밖까지 나오기도 했습니다. 대를 이을 자식을 낳았다는 사실에 정선의 마음도 한결 푸근해졌습니다.

정선은 사용하던 호도 바꾸기로 마음먹었습니다. 호는 조선 시대 선비들이 이름 대신 부르던 명칭입니다. 젊었을 적에는 태어난 곳의 지명을 따서 쓰다가 어른이 되면 자신의 인생관에 맞는 호로 바꾸지요.

정선이 처음에 쓴 호는 난곡이었습니다. 유란동 골짜기에서 태어났다는 뜻입니다. 정선은 어떤 호를 쓸까 고민하다가 결국 좋아하는 책 《주역》에서 한 구절을 따 오기로 했습니다.

"겸겸군자 비이자목(謙謙君子 卑以自牧)"

겸손하고 겸손하게 자신의 몸을 낮춘다는 뜻입니다. 여기서 따 온 '겸' 자를 넣어 '겸재'라는 호를 쓰기로 했지요. 평생 자만하지 않고 자신을 낮추어 살기로 삶의 방향을 정한 겁니다.

정선은 이즈음 또 한 명의 평생지기를 만납니다. 같은 동네에 살던 조영석이라는 선비입니다. 정선보다 10살이나 아래였는데 정선처럼 그림을 아주 좋아했지요. 정선은 조영석과 허물없이 지내며 그림을 가르쳐 주거나 토론을 하며 함께 공부해 나갔습니다. 진경 산수화를 그리기 위한 바탕을 차근차근 마련해 가는 시간이었지요.

중국의 화보와 화론

겸재 보게나.
나는 지금 강원도 바닷가를 여행 중이라네. 이렇게 지내니 마음은 참 편하이. 자네 그림 공부는 어떤가? 진경화를 그리기 위해 노심초사한다고 들었네. 우리에게도 진경화가 나와야 조선 그림의 자존심이 설 텐데. 자네가 꼭 이루어 줄 것이라 믿네. 공부에 필요한 그림이 있으면 장동 집에 들러서 마음대로 보게나.

여행을 좋아하는 스승 김창흡은 가끔 편지로 정선의 소식을 물었습니다. 정선의 그림 공부에 조금이라도 도움을 주고 싶었거든요.

장동은 스승의 형제들이 살아온 동네입니다. 그래서 스승의 집안을 '장동 김씨'라고 불렀지요. 장동 집에는 많은 사람들이 드나들었습니다. 조상 대대로 수집해 온 그림이 가득 있었거든요. 정선도 틈틈이 드나들며 그림 보는 안목을 넓혀 갔습니다.

정선은 특히 중국에서 건너온 화보에 관심을 보였습니다. 화보는 유명 화가들이 그린 본이 될 만한 그림을 판화로 찍어 낸 책입니다. 그림을 배우는 사람들은 꼭 봐야 할 미술 교과서였지요. 값이 비싸고 귀해 쉽게 구할 수 없었는데 장동 집에는 다양한 화보들이 있어 큰 도움을 주었습니다. 이때 유행하던 화보들로 《고씨화보》, 《당시화보》, 《개자원화전》, 《해내기관》 등이 있었지요.

이 중에서도 《해내기관》에 있는 산수화가 정선의 눈길을 끌었습니다. 《해내기관》은 중국의 뛰어난 경치를 뽑아 만든 산수 판화첩입니다. 산수화를 그리는 여러 가지 기법이 들어 있어 요긴하게 쓰였지요. 정선은 화보에 나오는 다양한 그림을 수백 번씩 따라 그리며 기초를 다져 나갔습니다.

정선은 중국의 유명한 화론(그림에 관한 논평이나 이론)인 곽희의 《임천고치》도 통째로 외울 정도로 읽고 또 읽었습니다. 한 구절 한 구절이 그림 공부에 도움이 되었기 때문입니다. 어느 날 조영석이 이 책을 읽어 보았냐고 물어 왔습니다.

"화가가 되고 싶은 사람은 누구나 한 번쯤 읽어야 하지 않는가?"

"하하하, 형님을 무시해서가 아니라 궁금한 점이 있어서요."

원래 선비들은 이곳저곳 돌아다니며 여행하는 것을 경박스럽다고 흉보았습니다. 멋진 풍경을 보고 탄성을 지르는 일도 점잖지 못하다고 여겼지요. 그런데 《임천고치》에는 자주 여행하라는 내용이 있어 조영석은 의아했던 것입니다.

"책에는 그렇게 써 있네. 여행을 많이 해야 마음에 드는 풍경을 제대로 표현할 수 있다고."

"그래서 스승님도 여행을 자주 다니시나 봐요?"

"시나 그림이나 마찬가지 아니겠는가. 직접 봐야 느낌을 표현할 수 있는 거네."

"자신의 감정을 함부로 표현하는 건 선비의 법도에 어긋나잖아요."

"글쎄, 자연스러운 감정을 억누르는 게 오히려 나쁘지 않을까? 자기 감정에 솔직한 사람이 그린 그림이야말로 실제 그 장소에 온 것처럼 생생한 느낌을 주겠지."

이처럼 정선과 조영석은 만날 때마다 토론을 즐겼습니다. 토론을 통해 조영석도 그림에 대한 지식을 넓혀 갔지요. 자신 역시 화가의 길로 들어서는 데 많은 도움을 얻었습니다. 나중에 조영석은 풍속화로 이름을 떨치면서 어진(임금의 초상화)을 부탁 받을 만큼 실력을 갖추게 됩니다. 조영석은 이렇게 말했습니다.

정선은 매일 화론을 공부하여 모르는 게 없었다.
조선의 화가들은 화론에 매우 약했는데 정선은 옛 그림을 많이 보고 공부를 성실히 해 남들이 알지 못하는 것들을 많이 알고 있었다.

정선은 준법 공부에도 힘을 쏟았습니다. 준법은 산이나 바위, 숲을 제대로 그려 내기 위한 표현 기법을 말합니다. 원래 중국 화가들이 자신들이 살던 지방의 독특한 산 모양을 그림으로 나타내기 위해 만든 방법이지요.

정선은 쌀알처럼 찍는 미점준, 도끼로 내려찍듯이 거칠게 표현한 부벽준, 마 껍질을 풀어내듯 부드럽게 그리는 피마준, 연잎의 맥이 퍼져 나오는 듯 묘사하는 하엽준, 쇠털처럼 짧고 가는 선을 반복하는 우모준 등 수많은 준법을 익혔습니다. 준법은 산수화를 그리는 핵심 기술이었는데 모두 중국에서 건너 왔기에 조선의 풍경과는 잘 맞지 않는 것도 있었습니다.

진경화에 대한 의욕

"사천, 축하하네."
"미안하이. 자네도 이런 날이 곧 올 걸세."
"벼슬 따위는 잊은 지 오래네. 나도 스승님을 닮는가 보이."
1706년, 사천 이병연이 드디어 첫 벼슬을 얻었습니다. 비록 종8품 사포서 일이지만 벼슬길이 트인 겁니다. 정선을 두고 혼자 벼슬길에 들어선 이병연이 미안해하며 말했습니다.
"나도 스승님께 편지를 받았네. 자네의 진경화는 어찌 되어 가는가?"
"중국 그림을 따라 이 산 저 산 그려 보는데 잘 맞지 않아. 인왕산, 백악산을 그려 놓으면 완전히 딴 산 같거든. 아무리 정성들여 그려도 하나도 닮지 않았네."
"우리 산천에 맞는 새로운 준법이 필요하다는 말인가?"
"조선의 대표 산은 금강산이잖은가. 거길 다녀오면 새로운 준법이 나올 법도 한데."
"스승님이야 벌써 몇 번이나 다녀왔다지만 보통 사람들은 금강산 한 번 구경하기가 어디 쉬운가. 나중에 내가 금강산 근처의 고을 원님이 되면 가장 먼저 자네를 초대함세."

"허허, 벼슬길에 겨우 걸음마를 뗀 사람이 말은 벌써 정승이네그려."

정선은 당시 유행하던 남종화를 철저히 익혔습니다. 그렇지만 남종화는 중국에서 시작된 그림이라 조선의 산천과는 맞지 않았습니다. 남종화는 마음속의 경치를 그리는 것이라 그러한 준법으로 실경 산수화(실제 경치를 보고 그린 산수화)를 그리려니 제대로 될 리가 없었지요.

물론 미약하게나마 조선에도 실경 산수화의 전통이 있었습니다. 고려 시대에 이녕이라는 화가가 〈예성강도〉, 〈천수사남문도〉라는 실경 산수화를 그렸으니 역사가 꽤 오래되었지요. 조선 초기에는 한양 주변의 풍경을 그린 〈한강유람도〉가 나왔지만 남종화와 별반 다르지 않았습니다. 다만 정선보다 80년 정도 앞서 살았던 조속의 작품은 달라 보였습니다.

조속은 조선 땅 구석구석을 돌아다니며 시도 짓고 그림도 그렸던 선비 화가입니다. 조속 역시 정선과 비슷한 고민을 하며 우리 땅의 아름다움을 표현하고자 하는 바람이 있었습니다. 하지만 누구나 인정하는 새로운 진경화를 그리지는 못했습니다.

"이를 뛰어넘는 화가가 나와야 하네. 조선 역사가 벌써 수백 년인데 아직 이런 화가가 없다니. 자네가 꼭 이 일을 맡아 주게."

스승의 격려에 용기를 얻은 정선은 백악산, 인왕산 일대의 풍경을 수없이 그려 보았습니다. 이런 노력이 바탕이 되어 어렴풋이나마 새로운 진경화의 모습이 머릿속에 그려졌습니다. 조영석은 이렇게 말했습니다.

정선은 백악산 아래 살았는데 틈날 때마다 산을 관찰하고
그림을 그리니, 준법을 사용하고 붓을 휘두르는 데 스스로
터득한 바가 있었다.

아무래도 정선은 특별한 풍경을 보아야만 새로운 진경화가 나올 것 같았습니다. 중국과 완전히 다른 우리 산천의 모습이 필요했지요. 금강산은 돌로 이루어진 뾰족한 바위가 많아 중국의 산천과는 많이 다르다고 들었습니다. 한 번만 금강산을 구경하면 진경화를 그릴 수 있겠다는 자신감도 생겼습니다.

"금강산을 직접 보면 내가 바라던 새로운 준법의 그림이 나오지 않을까? 언제쯤 금강산을 구경할 수 있지?"

만폭동은 온통 반반하고 넓은 돌로 되었는데, 돌 빛은 하얗게 빛나
마치 백옥과도 같구나.
우뚝 솟은 봉우리들이 겹겹이 둘러싸여 마치 무너뜨릴 수 없는
성벽이 거듭거듭 늘어선 것 같다.

정선은 자신이 태어나기도 전인 1671년에 김창협이 금강산을 여행하고 지은 책인 《동유기》를 즐겨 보며 금강산에 대한 동경을 키워 갔습니다. 눈을 감고 책에 쓴 내용을 떠올리며 금강산의 절경을 상상하기도 하였습니

다. 내일이라도 당장 금강산 여행을 떠날 것처럼 상상하면 정말 금강산이 눈앞에 보이기라도 하듯 마음이 설레었습니다. 하지만 가난한 정선에게 금강산 여행은 그림의 떡이었지요.

"언젠가는 금강산에 가 보리라! 여행을 좋아하시는 스승님과 함께 꼭 가 보리라."

35살 되던 1710년, 둘째 아들 만수가 태어났습니다. 새로 태어난 아들이 정선에게 행운을 가져다 준 걸까요. 드디어 정선에게 금강산을 여행할 수 있는 기회가 찾아왔습니다. 1710년 5월, 이병연이 금화 현감(지금의 강원도 철원 지방)으로 부임했거든요. 금화는 금강산을 오가는 길목이었습니다. 이병연이 첫 벼슬에 나가면서 했던 약속을 지킬 수 있게 된 것입니다.

"내 금방 자네를 부름세."

"잊지 않고 기다리겠네."

정선은 멀어져 가는 이병연이 보이지 않을 때까지 손을 흔들었습니다.

첫 번째 금강산 여행

"어서 오게, 겸재."

"사천, 오랜만이네. 이렇게 불러 주니 고맙기 그지없네."

1711년, 금화 현감 이병연은 잊지 않고 정선을 초대했습니다. 사실 한 해 선 8월, 이병연이 금화 현감으로 오기 무섭게 김창흡이 찾아왔습니다. 여행을 병적으로 좋아했던 스승이 이런 기회를 놓칠 리 없으니까요. 이병연은 스승과 함께 금강산을 미리 둘러본 터였습니다.

"어떻던가? 과연 소문대로 구경할 만한 산이던가?"

"더 말해 무엇 하겠는가. 금강산을 보는 내내 자네 생각이 났네. 혼자 보기 미안했거든."

"이 사람아, 그럼 진작 불러야지."

"금강산을 보기에는 8월이 제격이라네. 그래서 8월이 되기 무섭게 자네를 불렀잖은가."

정선의 첫 번째 금강산 여행은 1711년 음력 8월에 시작됩니다. 스승 김창흡과 김시보, 정동후, 그리고 같은 동네에 살던 백석공과 함께였습니다.

스승은 금강산의 매력에 푹 빠진 분이었습니다. 작년에도 다녀왔으니 벌써 다섯 번째 여행입니다. 이번에도 기어이 정선과 동행했습니다. 환갑이 다 되어 가는 나이인데 언제 또 금강산을 여행하겠습니까. 마지막 여행이라 여기고 정선과 함께 다니며 그의 그림을 볼 작정이었습니다.

"자네의 진경화가 탄생하는 것을 볼 수 있겠는가? 연습도 많이 했다고 들었네만."

"머릿속에서 수없이 상상의 날개를 폈습니다. 산을 돌아다니다 보면 퍼뜩 영감이 떠오르겠지요."

정선은 금강산 구석구석을 돌아다녔습니다. 조선에서 가장 아름답다는 풍경을 직접 대하니 가슴이 벅차올랐습니다. 꿈인가 싶어 가끔 제 볼을 꼬집어 보기까지 했으니까요. 함께 다니는 스승은 부지런히 시를 읊었습니다. 여느 시인들의 시와 달리 눈앞에 보는 듯 사실적인 진경시였습니다.

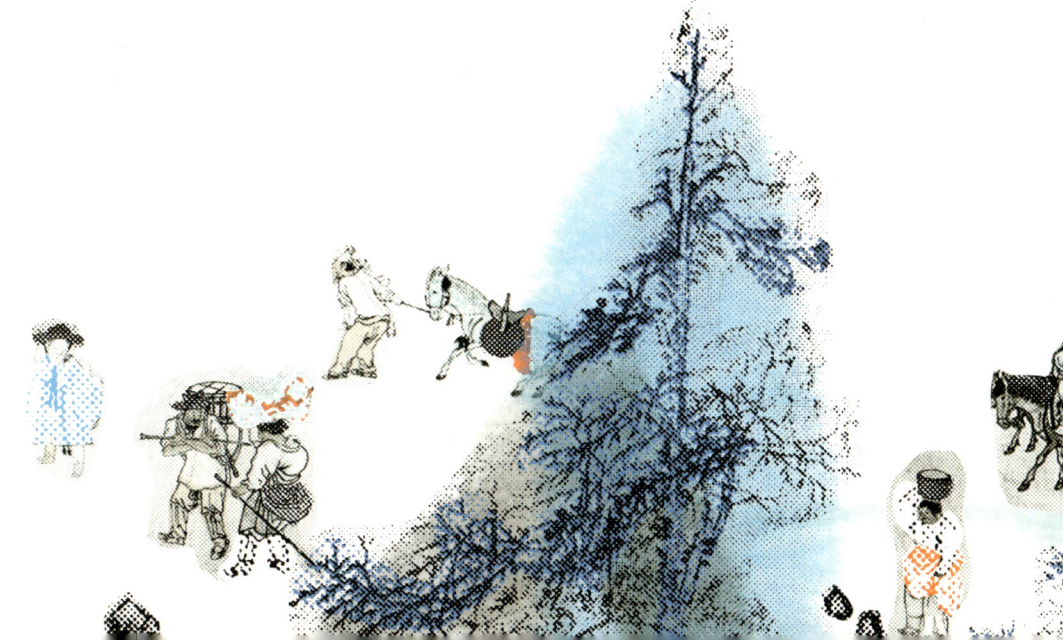

구룡연은 구룡 폭포 아래가 패여 생긴 아홉 개의 못입니다. 마치 용이 빠져나간 것처럼 보여 붙은 이름이지요. 김창흡은 아홉 개 못마다 시를 읊어 댔습니다.

첫 번째 연못은 맑게 트인 거울 같구나.
바위는 둥글고 물은 새맑아
높다란 언덕 위에는 나무도 없으니
무엇을 붙잡고 솟아오르랴.

두 번째 연못은 달아맨 바가지 같구나.
폭포수를 어지러이 삼켰다 뱉네.
그 누가 알겠는가. 작은 저 시냇물이
골짜기 에워 돌아 바다로 갈 줄.

정선은 눈을 감은 채 스승이 읊는 시를 들었습니다. 보지 않아도 금강산의 절경이 그려지는 듯했습니다. 이제 정선의 차례입니다. 정선은 시 대신 그림으로 구룡연을 노래했습니다. 옆에서 지켜보던 스승의 눈이 휘둥그레졌습니다. 옆의 그림이 정선이 그린 〈구룡연〉입니다.

〈구룡연〉 1711년

최초의 진경 산수화

정선은 첫 번째 금강산 여행을 다녀와서 《신묘년 풍악도첩》을 남겼습니다. 신묘년인 1711년에 금강산을 그린 그림첩이지요. 수많은 금강산 풍경을 그렸겠지만 지금 남아 있는 그림은 13점뿐입니다. 이 중에서 〈금강내산총도〉와 〈단발령망금강산〉은 금강산 전체 모습을 그렸고, 나머지 11점인 〈피금정〉, 〈장안사〉, 〈불정대〉, 〈벽하담〉, 〈백천동〉, 〈옹천〉, 〈고성 문암관 일출〉, 〈해산정〉, 〈총석정〉, 〈삼일포〉, 〈시중대〉는 아름다운 경치만을 따로 떼어 그린 겁니다.

〈금강내산총도〉는 금강산의 전체 모습을 한 폭에 담았습니다. 높은 곳에서 내려다보고 그리는 방법을 썼지요. 오른쪽에는 수많은 금강산 봉우리를 마치 칼날처럼 뾰족한 준법으로 그렸습니다. 금강산의 뼈죽한 바위 봉우리를 그리기에는 안성맞춤인 방법이지요. 왼쪽의 산은 안개에 쌓인 듯 검은 점을 찍었습니다. 날카롭게 보이는 오른쪽 산들에 비해 무척 부드러운 느낌을 줍니다. 특이하게 지도처럼 지명도 표시했습니다. 처음 금강산에 오는 사람들을 안내하는 역할도 하고 금강산에 오지 못하는 사람들이 집 안에 앉아서도 쉽게 알아볼 수 있게 배려한 거지요.

《신묘년 풍악도첩》 중 〈금강내산총도〉 1711년

《신묘년 풍악도첩》 중 〈장안사〉 1711년

《신묘년 풍악도첩》 중 〈백천교〉 1711년

《신묘년 풍악도첩》 중 〈단발령망금강산〉 1711년

〈장안사〉는 금강산 여행이 시작되는 절입니다. 앞에 보이는 무지개 다리가 매우 인상적이군요.

〈백천교〉는 금강산 여행을 마친 사람들이 가마를 말로 갈아타기 위해 잠시 쉬는 모습을 그렸습니다. 이 그림에는 갓을 쓰고 도포를 입은 조선 사람들이 등장합니다. 풍경도 조선의 풍경, 사람도 조선 사람, 그야말로 완전한 우리 그림이 생겨난 겁니다.

〈단발령망금강산〉은 단발령이란 고개 위에서 바라본 금강산 모습을 그렸습니다. 멀리 금강산이 보석처럼 하얗게 빛나고 있군요.

정선은 마침내 바라던 조선의 진경 산수화를 처음으로 선보였습니다. 이제까지의 그림과는 전혀 다른 새로운 모습의 산수화가 탄생했지요.

'진경'이라는 말에는 두 가지 의미가 있습니다. 첫째, 실제로 직접 경치를 보고 그렸다는 말입니다. 방 안에 앉아서 상상으로 그리는 관념 산수화와는 완전히 다른 방식입니다. 둘째, 새로운 필법으로 우리나라(우리나라를 '진경'이라는 말로도 부릅니다)의 모습을 그렸다는 뜻입니다. 그동안 중국 그림만 따라 그리다 보니 본의 아니게 중국 그림이 되었는데, 정선은 자신이 개발한 새로운 필법으로 직접 둘러본 우리나라의 경치를 그려 냈지요.

《신묘년 풍악도첩》에는 초기 진경 산수화의 모습이 그대로 들어 있습니다. 처음으로 선보이는 그림이다 보니 서툴고 어색한 점도 있습니다. 그렇지만 진경 산수화의 출발점이 되는 소중한 그림입니다. 정선은 조선의 진경 산수화를 완성하기 위한 첫걸음을 힘차게 내딛었습니다.

다시 금강산으로

"정선이 새로운 산수화를 선보였다네."
"새로운 그림? 이제 조선에도 우리다운 그림이 생긴 건가?"
"뭔가 어색하기도 하다던데."
"어색하긴. 그 정도면 차원이 다른 그림이지."

《신묘년 풍악도첩》의 소문은 빠르게 번져 나갔습니다. 칭찬과 아쉬움이 뒤섞인 비평이었지요. 정선은 이러한 비판을 받아들였습니다. 첫 번째 여행에서 급하게 둘러보며 그린 그림이라 자신도 완전히 만족하지는 못했거든요. 정선은 《신묘년 풍악도첩》의 단점을 보완해 한 발짝 더 나아간 진경 산수화를 그리고 싶었습니다. 결국 또 한 번 이병연에게 연락을 했습니다.

"금강산에 다시 오고 싶다고? 내가 현감으로 있는 동안에는 언제든지 환영일세. 나도 진경 산수화의 완성에 한몫했다는 소리를 듣고 싶거든."

금강산 여행은 아무 때나 하기 힘듭니다. 겨울 여행은 얼어 죽으라는 소리나 마찬가지이지요. 덥지도 춥지도 않은 8월(양력 9월)이 딱 좋은 때입니다.

정선의 두 번째 여행도 1712년 8월에 시작했습니다.

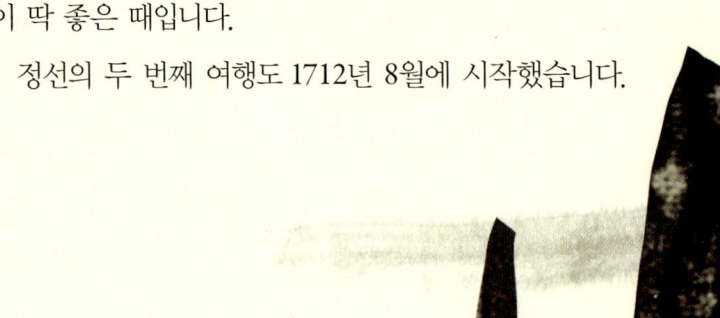

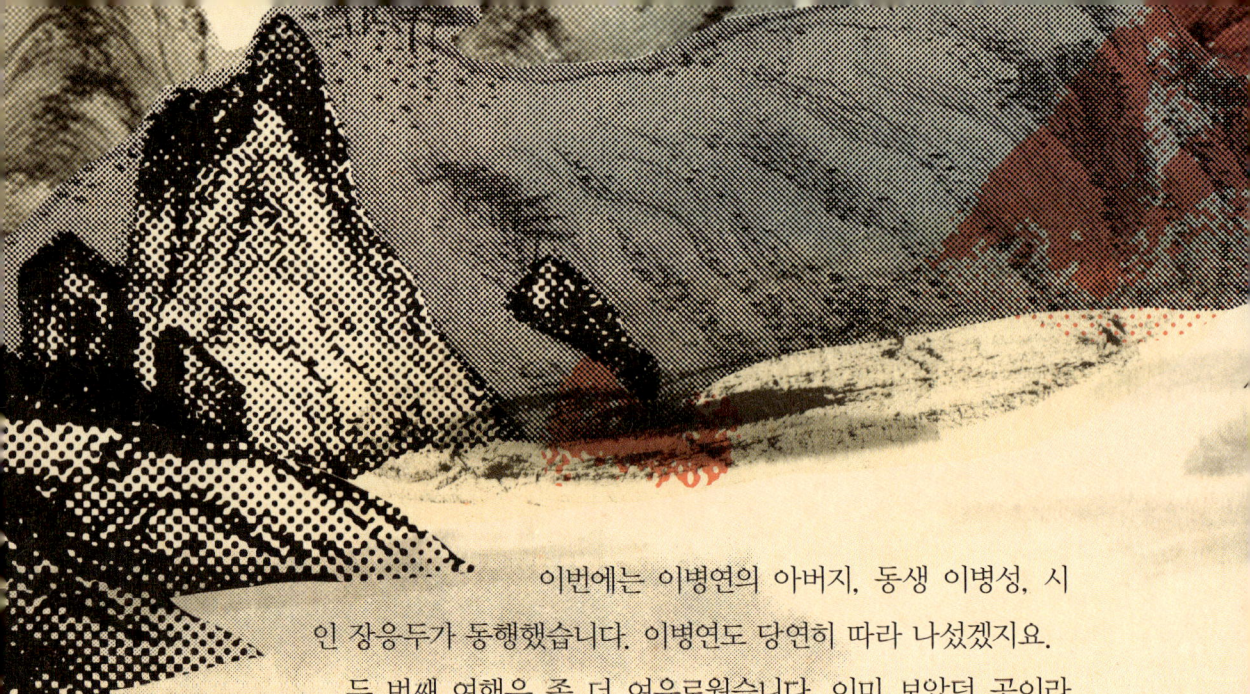

　이번에는 이병연의 아버지, 동생 이병성, 시인 장응두가 동행했습니다. 이병연도 당연히 따라 나섰겠지요.
　두 번째 여행은 좀 더 여유로웠습니다. 이미 보았던 곳이라 한결 차분한 마음으로 돌아다녔지요. 산을 보는 눈도 깊어졌고 생각할 시간도 많았습니다. 마음에 드는 곳에서는 한나절씩 머물기도 했습니다. 안개나 구름이 몽실몽실 봉우리를 감싸면 행여 그 장면을 놓칠세라 마음이 급해지기도 했지요.
　"빨리 붓과 종이 좀 펴 주게. 먹도 서둘러 갈아 주고."
　"허허, 이 사람아, 아무리 급해도 바늘허리에 실을 꿰어 쓸 수 있겠는가. 좀 기다리게."
　말은 그렇게 해도 이병연은 정선의 감흥이 사라질세라 바삐 서둘렀습니다. 정선은 번개처럼 붓을 휘둘러 눈앞에 보이는 안개 쌓인 산을 그렸습니다. 그리고는 언제 그랬냐는 듯 붓을 내동댕이치고는 다음 장소로 발걸음을 옮겼습니다.

〈불정대〉 1747년

두 번째 여행이 끝나고 1712년, 정선은 또 하나의 금강산 그림첩을 남겼습니다. 바다와 산의 초상화라는 뜻을 지닌 《해악전신첩》입니다. 금강산을 초상화처럼 사실적으로 묘사했기에 그런 이름을 붙였겠지요. 모두 30폭이나 되는 그림마다 스승과 이병연은 풍경에 걸맞은 시를 써서 붙였습니다. 그러나 아쉽게도 이 화첩은 지금까지 전해지지 않습니다.

정선은 35년 뒤인 1747년에 다시 한 번 《해악전신첩》을 그립니다. 앞에 있는 그림 〈불정대〉는 1747년에 다시 그린 《해악전신첩》에 있는 그림입니다. 가운데 있는 기둥 모양의 바위가 바로 불정대이지요. 외나무 다리를 건너야 갈 수 있는 위험한 곳인데 여기서 바라보는 십이 폭포 풍경이 장관이지요. 1712년에 그린 《해악전신첩》에도 불정대를 이렇게 그렸을까요? 작품

이 남아 있질 않아서 아쉬울 따름입니다.

《해악전신첩》은 《신묘년 풍악도첩》보다 훨씬 잘 된 그림첩이었나 봅니다. 1차 여행의 단점을 보완하여 그렸으니 당연한 결과였지요. 스승은 연거푸 칭찬의 말을 내뱉었습니다.

"이제 금강산에 애써 갈 필요가 없다. 보고 싶을 때마다 정선의 그림을 보면 되니까."

정선은 두 번의 금강산 여행으로 진경 산수화의 기틀은 마련했지만 여전히 미숙한 점도 있었습니다. 이를 알았기에 죽을 때까지 더 나은 그림을 그리기 위해 애썼고 결국 뜻을 이루게 됩니다. 그래서 정선을 진경 산수화를 만든 화가이자 완성한 화가라 하는 것이지요.

중국에 떨친 이름

　1712년 11월 3일 김창집이 동지사(매년 동짓달에 중국으로 보내던 사신) 대표로 중국 연경에 가게 되었습니다. 정선의 그림 선생인 김창업도 따라 나섰습니다. 김창업은 윤두서, 정선, 조영석 등 여러 조선 화가들의 그림을 챙겼습니다. 만나는 사람들에게 선물도 하고 평가도 받고 싶어서였지요.
　다음 해 2월 8일 연경에 도착한 김창업은 마유병을 만났습니다. 마유병은 그림 보는 눈이 매우 높은 중국인이었지요. 미술에 관한 대화를 많이 나눈 김창업은 가지고 간 그림을 선물로 내놓았습니다.
　"요즘 조선에서 이름난 그림들입니다. 한번 봐 주십시오."
　마유방은 윤두서, 정선, 조영석의 그림과 또 다른 화원들의 작품 몇 점을 벽에 걸어 놓고는 한참이나 뚫어지게 바라보았습니다.
　"윤두서는 스님을 그렸군요. 전체적으로 솜씨가 좋지만 옷 주름을 딱딱하게 그린 게 흠이네요."
　"다른 그림은 어떤지요?"
　"제 눈에는 이 사람의 산수화가 가장 낫군요. 누구의 그림이오?"
　"정선이라는 화가입니다. 제가 가르친 제자이기도 하지요."

"화원이요, 선비요?"

"선비입니다. 그림도 잘 그리고 《주역》에도 능하지요. 그런데 아직 벼슬이 없습니다. 마음에 드신다면 선물로 드리겠습니다."

"고맙소. 정선이라……. 나중에 또 연경에 올 기회가 있으면 정선의 그림을 더 가져오시오. 높은 값을 받을 수 있겠소."

정선의 그림이 중국에서도 높이 평가 받았다는 소문은 널리 퍼져 나갔습니다.

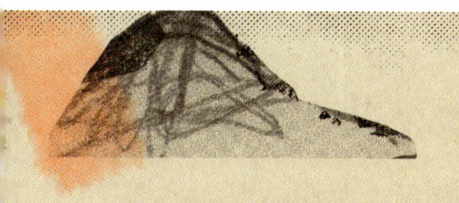

3. 그림에 스며들다

화가의 벼슬살이

첫 벼슬, 천문학 겸교수

"겸재의 살림살이가 어떤가?"

좌의정 김창집이 금화 현감을 마치고 사복시(궁궐에서 가마와 말에 관한 일을 맡아보던 관청)에서 일하는 이병연을 불러 물었습니다.

"옛날보다 낫긴 하지만 여전하지요. 어머니 밥상에 생선 한 토막 올리지 못해 늘 속상해 합니다."

"그림 주문도 많다고 들었네만."

"많으면 뭘 합니까. 사람이 물러 터져 그냥 그려 주기 바쁜데요."

"무슨 방법이 없을까?"

"낮은 벼슬이라도 얻어 녹봉(나라에서 벼슬아치들에게 주던 곡식이나 베, 돈 따위)을 받으면 낫겠지요. 그렇게만 되면 그림도 속 편히 그릴 텐데요."

"안 그래도 동생의 부탁이 있었네. 지난번에 그린 진경화로 조선 그림의 자존심을 세웠잖은가. 그런 공로라면 벼슬을 주어도 흉이 아니겠지."

그림을 인생의 목표로 정한 정선은 벼슬 욕심이 없었습니다. 가난도 숙명으로 알고 받아들였지요. 그러나 한 가지 마음에 걸리는 게 있었으니, 바로 어머니였습니다. 늘 쪼들리는 살림으로 어머니를 모시자니 마음이 언

짧았습니다. 그러던 참에 스승이 김창집에게 정선의 벼슬자리를 부탁한 겁니다.

조선 시대에는 과거 시험에 합격하지 않고도 벼슬길에 나갈 수 있는 음서 제도가 있었습니다. 조상들이 큰 공을 세웠거나 2품 이상의 벼슬을 한 적이 있으면 가능했지요. 40살이 넘어 신망 있는 사람의 추천을 받으면 벼슬길이 열렸습니다. 정선은 고조할아버지가 종2품 동지중추부사를 지낸 데다 나이도 41살이었으니 음서로 벼슬할 수 있는 조건을 갖추었습니다.

"관상감의 천문학 겸교수가 어떻겠나?"

"겸교수요? 겸재는 《주역》을 깊이 공부하여 역학과 천문에 능하잖습니까, 안성맞춤인 자리입니다."

관상감은 천문, 지리, 기후 관측 등의 일을 맡아보는 관청입니다. 여기에서 천문관들에게 천문에 관한 지식을 가르치는 벼슬이 겸교수였지요. 이병연은 퇴청하자마자 정선의 집에 들러 축하 인사를 건넸습니다.

"애써 줘서 고맙네."

"내가 무슨. 다 스승님 덕분이지. 일이야 자네한테 꼭 맞겠지만 녹봉이 들쑥날쑥하다니 마음에 걸린다네."

"그것도 내겐 과분하네. 경험이 쌓이면 더 나은 자리가 나겠지."

1716년 41살에 정선은 첫 벼슬길에 올랐습니다. 다른 사람에 비하면 많이 늦은 편이었지요. 겸교수는 종6품으로 꽤 높은 자리이기는 했으나 정규직이 아니라서 매달 녹봉을 받지는 못했습니다. 정선은 겸교수를 하는 내

내 한 벌의 관복으로만 버티는 통에 닳은 옷에서 반짝반짝 윤이 날 지경이었습니다. 그래도 적으나마 수입이 생기고 그림 값을 치르는 사람도 늘면서 차차 생활이 안정되어 갔습니다.

"담헌, 건강은 좀 어떤가?"

"커억, 그놈의 가래가 끊이질 않는구먼."

"걱정일세. 빨리 나아야 하는데."

"바쁠 텐데 문병을 와 주어 고맙네."

1719년 10월 8일, 정선은 경복궁 동쪽에 사는 담헌 이하곤을 찾았습니다. 이하곤은 가래가 심하게 끓는 담화병에 걸려 고생하고 있었습니다. 이하곤은 정선보다 한 살 아래였는데 금강산 그림을 본 후 마음이 통해 친한 벗이 되었지요.

두 사람은 밤늦도록 즐거운 대화를 나누며 이하곤은 잠시나마 고통을 잊을 수 있었습니다. 정선이 돌아갈 때가 되자 비바람이 심하게 몰아쳤습니다.

"하늘이 자네를 못 가게 막는 모양이야. 이왕 왔으니 하루 묵었다 가게."

밤이 이슥해지자 자리를 펴고 누웠지만 쉽사리 잠들지 못했습니다. 기센 비바람이 방문을 두드리는 소리가 요란했거든요. 잠을 못 이루기는 이하곤도 마찬가지였습니다. 이하곤은 불이 켜진 정선의 방으로 건너왔습니다.

"잘 왔네. 나도 잠이 오지 않아 그림이나 그려 보려던 참이었네."

이하곤이 붓과 비단을 준비하는 동안 정선은 마음을 가다듬었습니다.

〈사계산수도〉

  비바람이 몰아치는 풍경을 그릴까 하다가 생각을 바꾸었습니다. 아무래도 이런 분위기에서 진경화는 무리였거든요. 정선의 붓끝에서 나온 그림은 뜻밖에도 사계절 풍경을 담은 남종화였습니다.

  〈사계산수도〉는 기본에 매우 충실한 작품입니다. 정선이 한창 그림 공부를 할 때 닦은 솜씨를 발휘해 그린 그림입니다. 흔히 정선은 진경 산수화만 그린 줄로 아는데 웬만한 화가 뺨칠 정도로 남종화도 잘 그렸지요. 이 작품도 정선이 중국 화보를 얼마나 열심히 따라 그리며 공부했는지 알려 줍니다. 옆에서 지켜보던 이하곤이 낮은 목소리로 중얼거렸습니다.

  "바쁘게 그렸어도 법도와 모양이 털끝만큼도 어긋남이 없네. 다른 이들은 자네 발끝에도 미치지 못하겠어."

하양에서 겪은 비극

1720년 6월, 숙종 임금이 승하하였습니다. 숙종은 46년이라는 오랜 기간 동안 임금 자리에 있으면서 대동법과 호패법을 시행하여 나라를 안정시켰습니다. 뒤를 이은 경종 임금은 사약을 받고 죽은 희빈 장씨의 아들인 데다 몸도 약하고 자식마저 없어서 후계 문제가 큰 걱정거리로 떠올랐습니다.

정선에게 1720년은 두고두고 기쁜 해로 기억될 겁니다. 이 해 12월에 하양 현감으로 임명되거든요. 현감은 지방의 한 고을을 맡아 다스리는 직책입니다. 이는 정선이 본격적으로 벼슬길에 나서기 시작했다는 신호였지요. 하양은 지금의 경상북도 경산입니다. 몸이 아파서 안산 군수 직을 그만두고 요양을 하던 이병연과 이하곤이 배웅을 해 주었습니다.

"축하하네. 하양 백성들은 순박하다니 큰 걱정은 없을걸세."

"한양에 남아 계신 어머님 때문에……."

"내가 자주 찾아뵐 테니 걱정일랑 단단히 붙들어 매게. 대신 틈나는 대로 그림이나 그려 주게나. 커억."

"고마우이. 자네들만 믿네."

"내가 금화 현감으로 있을 때 금강산으로 초대했었지? 이젠 자네 차례야. 금방 내려갈 테니 각오 단단히 하게나."

하양에서 지내는 첫 일 년은 무난했습니다. 이병연의 말대로 인심도 좋고 땅도 기름져 큰 탈 없이 보냈습니다. 현감 벼슬이야 농사 잘 되고 송사(백성들이 고을 원님에게 잘잘못을 가려 달라고 아뢰는 일) 없으면 그만이었으니까요. 그렇지만 찬 기운을 잔뜩 머금은 회오리바람이 한양에서 불어닥쳤습니다. 경종의 후계 문제로 조정이 떠들썩했습니다.

"전하, 지금 동궁(왕세자를 달리 이르던 말)이 비어 있으니 하루빨리 정하셔야 합니다."

"내가 아들이 없으니 누굴 세우면 좋겠소?"

"전하의 아우인 연잉군이 있지 않습니까?"

김창집과 이이명 등은 경종의 동생인 연잉군(뒷날 영조)을 왕세제로 책봉해야 한다고 주장했습니다. 그리고 뜻을 이루자 한발 더 나아가 연잉군을 대리청정(임금이 정사를 제대로 돌보지 못할 때 대신하여 정치를 하는 일)까지 하게 했습니다. 그러자 반대 세력들이 항의하고 나섰습니다.

"전하의 옥체가 정정한데 대리청정이라니요?"

"그러하옵니다. 대리청정을 거두어 주옵소서."

이광좌, 김일경 등의 줄기찬 상소에 연잉군의 대리청정은 없던 일이 되었습니다. 하지만 일은 여기서 그치지 않았습니다.

"대리청정은 전하를 무시한 반역입니다. 죄를 물으소서."

이들은 대리청정이 임금에 대한 역모 죄라고 따졌습니다. 경종도 이를 받아들여 김창집, 이이명 등을 멀리 귀양 보냈습니다.

김창집의 귀양살이는 형제들에게도 큰 충격을 주었습니다. 먼저 넷째 김창입이 울분을 참지 못하고 세상을 떠났습니다. 두 달 후인 1722년 2월에는 김창흡마저 세상을 버리고 말았습니다. 영원히 승승장구할 줄 알았던 형의 몰락을 받아들이기 힘들었던 거지요.

연달아 두 명의 스승을 잃은 정선은 할 말을 잊었습니다. 그렇지만 장례에도 참석하지 못했습니다. 나랏일을 하는 처지라 자리를 비우기도 어려웠고 장례에 참석했다가 행여 무슨 탈이라도 날까 염려스러웠기 때문입니다.

얼마 후 김창집은 경종을 독살하려 했다는 모함까지 받게 되었고, 결국 사약을 받아 목숨을 잃고 말았습니다. 아들과 손자마저 곤장을 맞아 죽는 비극도 이어졌습니다. 참으로 무섭고 비정한 세상이었습니다.

스승 집안의 연이은 불행을 지켜보는 정선은 괴로움으로 가슴이 터질 듯했습니다. 아무런 도움도 줄 수 없는 자신이 원망스럽기도 했지만, 그저 자신을 낮추어 몸을 보전하는 일이 최선일 수밖에 없었습니다.

영조, 임금이 되다

 거센 회오리바람이 세상을 한바탕 휩쓸고 지나갔습니다. 그래도 견디고 기다리다 보면 봄이 오게 마련입니다. 일 년쯤 지나자 조정도 잠잠해졌습니다.

 다음 해 봄, 이병연이 연락도 없이 찾아왔습니다. 정선은 얼떨떨한 표정으로 그를 바라보았습니다.

 "내가 꼭 한 번 온다고 했잖은가."

 "담헌은 왜 같이 오지 않았나?"

 "병이 또 도졌다네. 몇 걸음만 떼어도 기침부터 나니, 원."

 이병연은 서울 소식을 한 보따리 풀어놓았습니다. 자신도 곧 지방으로 발령이 날 것 같다고 했습니다. 나라가 뒤숭숭하니 본을 보이기 위해서라도 일 못하는 벼슬아치들을 벌주는 일이 잦아졌다는 말도 했습니다. 정선에게도 조심하라는 당부를 잊지 않았습니다.

 "참, 한 가지 부탁이 있네. 혹시 김광수라고 아나?"

 "한양에서 유명하다는 그림 수집가 아닌가."

 "일전에 초대를 받아 갔었네. 어찌나 그림이 많던지. 나도 모아 놓은 그림이 꽤 되지만 김광수에 비하면 새발의 피였네."

"그렇게나 많던가?"

"조선 그림은 말할 것도 없고 중국, 일본 그림까지 수두룩했네. 그런데 아직 자네 그림이 없다네. 꼭 갖고 싶다고 하더군."

선비들 사이에 골동품 수집이 유행처럼 번져 가고 있던 때였습니다. 김광수는 그 중심에 있던 사람이었지요. 김광수는 그림 말고도 귀한 책, 도자기, 도장, 벼루 등 다양한 물건을 닥치는 대로 모았습니다. 오죽했으면 호까지 옛것을 좋아하다는 뜻의 '상고당'이었을까요. 김광수는 재산을 톡톡 털어 미술품을 수집하는 바람에 끼니조차 굶을 정도였다고 합니다. 그래도 좋은 물건을 보기만 하면 당장 주머니를 털거나 돈을 빌려서라도 손에 넣어야 직성이 풀리는 사람이었지요. 그런 수집광이 정선의 그림을 달라고 한 건 그만큼 세상의 인정을 받았다는 뜻입니다.

이병연이 올라가기 전날, 정선은 김광수에게 줄 그림을 그렸습니다. 거의 1년 만에 손대는 붓이었지요. 현감이 정사는 돌보지 않고 앉아서 그림이나 그린다는 소리를 듣기 싫어 아예 붓을 접었었거든요. 오랜만에 잡은 붓이라 손과 붓이 따로 놀았습니다.

"자네 부탁이니 모른 척할 수도 없으이. 급한 대로 그렸으니 한 점은 김광수에게 주고 다른 한 점은 자네가 갖게나."

정선이 그린 그림은 〈망천도〉였습니다. 망천은 남종화의 시조인 중국 당나라의 왕유가 살던 곳입니다. 왕유는 망천을 주제로 시도 짓고 그림도 그렸는데 후세 화가들도 이를 흉내 내어 자주 그렸지요. 정선도 마땅히 그릴 게 없어 생각난 김에 〈망천도〉를 그린 겁니다.

한양으로 돌아온 이병연은 이하곤부터 찾았습니다. 모처럼 정선의 그림을 본 이하곤은 무척 반가웠습니다. 그렇지만 이병언이 가져온 정선의 그림이 도통 마음에 들지 않아 냉정한 평가를 내렸습니다.

"커억, 겸재에게 무슨 일이 있소? 두 그림 모두 예전 솜씨가 아니오. 내가 갔더라면 더 기다렸다가 제대로 된 그림을 받아 왔을 텐데."

예리한 평론가의 눈은 역시 달랐습니다. 오랜만에 그린 그림을 대번에 알아본 겁니다. 정선이 그림에 손을 놓았다는 말에 이하곤은 걱정이 앞섰습니다. 뛰어난 화가도 오랫동안 쉬다 보면 솜씨가 무뎌지는 법이니까요.

"마음 놓고 그림을 그릴 수 있는 날이 빨리 와야 하는데. 커억."

이하곤은 아픈 중에도 정선에 대한 걱정의 끈을 놓지 않았습니다.

이병연이 다녀간 지 얼마 안 되어 정선은 부고를 받았습니다. 이하곤이 담화병이 심해져 세상을 떠났다는 소식이었지요. 몇 주 전에도 자신의 그림을 봐 주었는데 그것이 마지막 평가가 될 줄이야 누가 알았을까요. 높은 감식안(예술 작품의 가치를 판단하는 안목)으로 정확한 평을 내놓던 이하곤의 죽음은 정선에게 큰 아픔이었습니다.

그러나 반가운 소식도 한 가지 있었습니다. 큰아들 정만교가 아들을 낳은 것입니다. 기다리고 기다리던 첫 손자였지요. 정선의 나이 49살이었습니다. 정선은 매우 기뻐하며 '합'이라는 이름을 지어 보냈습니다.

이 해 여름, 병약했던 경종은 임금이 된 지 불과 4년 만에 승하하고 말았습니다. 뒤이어 영조(연잉군)가 제21대 임금 자리에 올랐습니다. 어머니 숙빈 최씨가 천한 무수리 출신이라 후계 문제로 늘 불안에 떨어야 했던 영조는 천신만고 끝에 임금이 된 것입니다. 영조 임금은 곧바로 사약을 받고 세상을 떠난 김창집, 이이명 등을 복권시켰습니다.

워낙 어렵사리 임금이 되어서일까요? 영조는 52년이라는 오랜 기간 동안 임금 자리에 있게 됩니다. 그림을 좋아했던 영조 임금은 정선에게 많은 기회를 주며 큰 힘이 되어 주었습니다.

영남 지방 그림 여행

1725년 5월에는 조영복이 경상도 관찰사로 왔습니다. 조영복은 정선과 친하게 지내는 조영석의 형이라 허물없는 사이였습니다. 조영복은 오자마자 정선에게 그림 여행을 권했습니다.

"돌아가신 김창집 어른께서 자네를 굳이 하양으로 보낸 것도 이곳 경치를 그림에 담아 보라는 뜻 아니겠는가?"

"고을 원이라 함부로 자리 비우기가 어려워서……."

"내가 관찰사인데 누가 뭐라 하겠나. 걱정 말고 다녀오시게."

정선은 진작부터 여행하고픈 마음을 꾹 참고 있었는데 관찰사의 허락이 떨어지니 시름을 덜었습니다.

정선은 영남 지방 66개 군을 샅샅이 밟고 다녔습니다. 잠시 일에서 벗어나 온전한 화가로 세월을 보냈지요. 영남 지방의 경치는 한양이나 금강산과 또 다른 맛이 있었습니다. 정선은 조선 땅의 아름다움을 새삼 느꼈습니다. 아름다운 우리 땅을 제쳐 두고 왜 가 보지도 못한 중국 땅만 줄기차게 그려 댔는지. 진작 이렇게 여행하고 그림을 그렸더라면 얼마나 좋았을까.

정선은 우리 강산을 사랑하는 마음이 뼈에 사무쳐 가는 곳마다 빠짐없이 풍경을 그림에 담았습니다. 직접 발로 누비며 눈에 넣은 경치는 진경 산수화가 되어 정선의 그림첩에 차곡차곡 쌓였습니다.

정선은 여행이 끝난 후 《영남첩》을 내놓았습니다. 진경 산수화가 한양이나 금강산뿐 아니라 팔도를 아우르고 있다는 사실을 세상에 알렸지요. 《영남첩》 역시 《해악전신첩》처럼 정선의 이름을 드높인 작품입니다. 아쉽게도 지금까지 전해 오지는 않습니다. 〈쌍도정〉이라는 그림을 통해 솜씨를 살짝 엿볼 수 있을 뿐입니다.

쌍도정은 경상도 성주 관아에 있는 정자입니다. 연못 가운데 섬이 두 개 있다고 붙여진 이름이지요. 성주는 김창집이 사약을 받고 세상을 떠난 곳입니다. 영남 지방을 돌아보는 중이었으니 일부러라도 꼭 둘러보았겠지요. 꼼꼼하면서도 부드러운 필치로 초록 나무에 둘러싸인 쌍도정의 고즈넉한 풍경을 잘 잡아냈습니다. 남종화에 가까운 진경 산수화로, 정선의 작품이 이렇게 부드럽게 나타날 수 있다는 사실이 신기합니다.

〈쌍도정〉

1726년 늦여름, 정선은 6년에 걸친 하양 현감 직을 마치고 한양으로 돌아왔습니다. 몇 년 만에 다시 보는 집안은 변한 게 없었습니다. 연로하신 어머니도 여전히 건강하고 부인과 아들도 잘 지내고 있었지요. 세 살 된 손자 정합은 온 집 안을 누비며 재롱을 피웠습니다. 행복이란 이런 게 아닌가 싶어 눈물이 나올 정도였지요.

　그런데 좋지 않은 소식이 들렸습니다. 그 해 각 지방 환상미 수거 실적을 조사했는데 하양 고을이 전국에서 꼴찌였습니다. 환상미는 백성들에게 낮은 이자로 빌려 주는 곡식을 말합니다. 빌려 준 만큼 다시 거두어 들여야 하는데 정선이 그러질 못했던 것이지요. 빌려 간 쌀을 갚기는커녕 입에 풀칠도 못하는 백성들이 부지기수였습니다. 매몰찬 벼슬아치라면 무슨 수를 써서라도 받아 냈겠지만 정선은 그러질 못했습니다.

　"고을을 잘못 다스린 정선을 당장 잡아들여 벌하소서." 하며 정선의 죄를 묻는 신하도 있었지만 정선을 편드는 사람도 있었지요.

　"영남 지방의 가뭄이 심해서 어쩔 수 없었습니다. 죄를 묻지 마소서."

　정선은 가만있을 수가 없었습니다. 바로 의금부로 찾아가 자신의 잘못을 인정했습니다. 괜히 버티고 있다가 어떻게 경을 칠지 몰랐거든요.

　"모두 제 잘못입니다. 가뭄 때문에 백성들 형편이 어려워져 봐주다 보니 그리 되었습니다."

　이러한 진정성이 받아들여졌는지 정선은 결국 무혐의로 풀려날 수 있었습니다.

사직단 소나무

한양으로 돌아온 얼마 후 정선은 이사를 했습니다. 어릴 적부터 살아온 백악산 아래 유란동을 떠나 인왕산 기슭에 집을 마련했지요.

인왕산 아래 정선이 살던 집의 이름이 '인곡유거'입니다. 52살 때 이사해서 세상을 떠날 때까지 약 30년간 살았던 곳이지요. 이를 그린 그림이 〈인곡유거도〉이고요. 집 뒤로 인왕산 봉우리가 보이고 조촐한 정원에는 잘 자란 버드나무와 오동나무가 서 있습니다. 방문을 활짝 열고 공부하는 사람은 정선이겠지요.

오랜만에 벼슬살이에서 해방된 정선은 마음껏 여유를 즐겼습니다. 아침 댓바람부터 이웃에 사는 조영석의 집을 찾는 일도 잦았습니다. 갓과 두루마기도 벗어 던진 채 청려장(명아주로 만든 지팡이)을 짚고 가면 그제야 조영석이 눈을 부스스 비비며 일어나 왜 이렇게 일찍 찾아와 단잠을 깨우느냐고 타박했습니다. 조영석은 그러한 다음 날이면 앙갚음하듯 훨씬 더 일찍 정선을 찾아갔습니다.

"허어, 형님, 아직도 한밤중이오? 이리 게을러서 어디 쓸 거요."

두 사람은 이처럼 허물없이 벗하며 세상 돌아가는 이야기를 나누었습니

〈인곡유거도〉

다. 사정을 보아 하니 아무래도 나라에 큰일이 날 듯 싶었습니다. 의견을 달리하는 정치 세력들의 다툼이 점점 심해졌기 때문입니다.

"아무래도 큰일이 벌어지겠어."

"그러게 말이네. 고양이 쥐 잡듯 서로 으르렁대니."

영조 4년인 1728년 3월, 두 사람이 걱정하던 일이 드디어 벌어졌습니다. 조정에 불만을 품은 세력들이 군사를 일으킨 것입니다. 이인좌가 중심이 되어 일으킨 반란이기에 '이인좌의 난'이라 부르지요. 이인좌는 영조가 경종을 독살했다고 주장하면서 새로운 임금을 세우려 했습니다.

이인좌의 난은 보기 드문 대규모 반란이었습니다. 반란군에 가담한 세력이 20만 명이 넘었고 한때는 청주성을 점령하며 충청도를 들썩이게 했지요. 그렇지만 안성에서 오명항이 이끄는 진압군에게 패배하며 실패로 돌아가고 말았습니다. 발을 동동 구르며 걱정하던 영조는 반란군을 물리쳤다는 소식을 듣자 너무 기쁜 나머지 숭례문까지 나가 진압군을 맞이했습니다. 붙잡힌 이인좌는 끝까지 영조가 숙종의 아들이 아니라고 주장하다 죽임을 당했지요.

이 사건으로 영조는 큰 충격을 받았습니다. 또 다시 이런 일이 일어나지 말라는 법이 없으니까요. 그래서 어느 한쪽 세력만 일방적으로 뽑아 쓰는 대신 모든 인재를 골고루 쓰는 탕평책을 쓰게 되지요. 백성들의 생활을 안정시키는 정책도 본격적으로 펴게 됩니다. 덕분에 자신의 대는 물론 다음 임금인 정조에 이르기까지 조선은 문화의 황금기를 맞게 되지요.

정선이 영조 시절에 더욱 왕성한 작품 활동을 보인 것도 이러한 시대 상황과 관련이 있습니다. 더구나 영조는 젊었을 적부터 그림을 좋아해서 예술에 대한 이해가 깊은 편이었습니다. 정선이 편안한 마음으로 그림에 몰두할 수 있었던 것은 이처럼 관심을 가지고 지켜보는 임금과 태평스러운 시대가 뒷받침되었기 때문이지요.

"곪았던 종기가 터진 격이요."

"다행히 전하께서 일을 현명하게 처리하셨네."

"다시는 이런 일이 일어나지 말아야 할 텐데요."

이인좌의 난이 무사히 진압되자 정선은 안도의 기쁨으로 〈사직송〉을 그립니다. 사직단은 땅과 곡식의 신에게 제사를 지내는 곳으로, 돌아가신 임금의 위패를 모신 종묘와 더불어 조선을 상징하는 신성한 구역입니다. 정선은 오랫동안 사직단을 꿋꿋하게 지켜 온 소나무를 통해 앞으로도 영원히 조선이 번창하라는 기원을 그림에 담았습니다.

3년 동안 벼슬 없이 지내던 정선은 1729년 3월에 한성 주부가 되었습니다. 〈사직송〉을 그린 정선의 마음을 헤아린 영조의 배려였지요. 그런데 임금을 뵈러 갔다가 깜빡 잊고 하식 인사를 올리지 않고 나왔습니다. 신하들이 정선의 죄를 물어야 한다고 주장하자 영조는 손을 내저었습니다.

"궁궐 예절에 익숙하지 않아 저지른 실수다. 더 이상 거론하지 말라."

정선의 그림을 좋아했던 영조는 이처럼 정선을 각별히 아껴 주었습니다. 이런 실수에도 불구하고 넉 달 후 정선은 종5품 의금부 도사로 승진합니다.

〈사직송〉 1728년

치솟는 그림 값

정선은 의금부에서 일하며 많은 기록화를 남깁니다. 일하던 부서의 전경을 그린 〈의금부〉와 청나라로 떠나는 사신들의 환송식인 〈서교전의도〉도 이때 그린 그림이지요. 도화서 화원들에게 맡겨도 될 그림이지만 정선은 화가의 길로 들어선 이상 최선을 다해야 한다고 생각하며 그렸습니다.

웬만하면 그림 그려 달라는 부탁을 다 들어 준다는 소문이 퍼지자 사람들은 밤낮을 가리지 않고 정선을 찾아왔습니다. 잘 아는 통역관 한 명도 새벽에 정선의 집 문을 두드리며 부채를 한 개 내놓고 부탁했습니다.

"연경에 가기 전에 인사드리러 왔습니다. 잠깐 틈을 내어 여기에 그림 한 점 그려 주시겠습니까? 이번 여행에 큰 선물이 될 듯합니다."

정선의 그림이 돈이 될 것 같으니 연경으로 떠나기 전에 서둘러 그림을 받은 것이었지요. 정선의 그림이 돈이 된다는 소문이 퍼지자 애써 수집하려는 사람들도 늘어났습니다. 정선의 그림을 가장 많이 모은 사람은 역시 이병연이었습니다. 신돈복이라는 사람이 이병연의 집을 방문했다가 깜짝 놀랐습니다. 시렁 위에 당판아첨(상아꽂이가 달린 책갑에 싸인 중국 책)이 겹겹이 쌓여 있었거든요.

"귀한 당판아첨이 어찌 이리 많습니까?"

"1500권쯤 되는데 내가 모두 사들인 거라네."

"이 많은 걸요? 돈이 꽤 들었을 텐데요."

"허허, 내가 돈이 그렇게 많을 턱이 있는가? 모두 정선에게 나온 거지."

"예?"

"이 사람아! 연경의 그림 수집상들이 정선의 그림을 무척 귀히 여긴다네. 손바닥만 한 그림 한 점도 비싼 값에 사려고 들지. 내가 정선과 친해서 그림도 많이 얻었잖은가. 연경으로 가는 사신 행차에 그림을 보내서 볼 만한 책으로 바꾸게 했더니 이렇게 많이 모아졌네."

이렇듯 정선의 그림은 비싼 값에 거래되고 있었습니다. 부채에 그린 정선의 〈금강산도〉를 받고 최고의 보물을 얻었다고 기뻐하는 사람도 있었지요. 그림 한 점을 삼천 전이나 주고 사는 사람도 생겨났습니다. 그 정도면 논밭 몇 마지기를 살 수 있는 큰돈이었지요.

그렇다고 정선이 돈을 많이 번 것은 아닙니다. 선비 체면에 그림 값을 턱없이 높게 부를 수는 없었거든요. 대개는 원하는 사람이 있어 그려 주면 그걸로 끝이었습니다. 그 사람이 그림을 싸게 팔든 비싸게 팔든 상관하지 않았지요. 워낙 주문이 많이 밀려들자 나중에는 밑에 사람을 두어 그려 주기까지 했습니다. 그림 부탁을 거절하지 못하는 성격 때문이었지요. 혹시 지금 남아 있는 그림 중에 좀 서툴어 보이는 작품이 있다면 틀림없이 이런 경우일 겁니다.

마치지 못한 청하 현감

"정선을 경상도 청하 현감으로 임명한다."

1733년 봄, 정선은 두 번째 외직을 받아 청하 현감이 되었습니다. 청하는 지금의 경상북도 포항 부근입니다. 하양에서 돌아온 지 7년 만에 나가는 외직이라 정선은 가슴이 부풀어 올랐습니다.

"내 나이 벌써 쉰 여덟, 이번이 기회다. 이제 내가 만든 진경 산수 화풍을 완성할 때가 되었구나. 임금께서도 내 마음을 알고 이런 경치 좋은 곳으로 보내 주셨겠지."

그때는 지방에서 벼슬을 살면 가족을 데려가지 않았습니다. 정선으로서는 그림에 온 신경을 쏟을 수 있는 기회였지요.

정선은 부임한 다음 해부터 여행을 시작했습니다. 물론 가까운 청하부터 다녔지요. 청하의 최고 명승은 내연산입니다. 내연산에는 보경사라는 절도 있고 용추 계곡에는 세 단으로 이루어진 유명한 폭포도 있습니다. 정선은 여기저기 둘러보면서 감탄사를 연발했습니다. 정선이 금강산을 두 번이나 다녀온 줄 아는 아전 한 명이 넌지시 물었습니다.

"사또, 그래도 금강산만은 못하겠지요?"

"아닐세. 아름답지 않은 우리 강산도 있다던가. 여기 폭포를 보니 속이 다 후련해지네."

"그렇다면 다행입니다. 오시는 사또마다 좋다고 하긴 합니다만."

"나도 여기에 왔다는 흔적을 남겨 두고 싶네만."

옛 사람들은 명승을 다녀가면 이름이나 글을 새겨 놓는 풍습이 있었습니다. 금강산도 유명한 바위마다 선비들이 새겨 놓은 글씨로 빼곡하지요. 정선은 삼용추 폭포 맨 위에 '1734년 가을, 정선이 다녀가다'라고 글자를 새겨 놓았습니다.

내친김에 바닷길을 따라 북으로도 쭉쭉 올라갔습니다. 처음 보는 바다 풍경을 볼 때마다 그림에 대한 새로운 영감이 떠올랐습니다. 이대로 몇 년만 더 있으면 진경 산수화도 완벽하게 다듬어 세상에 내보낼 수 있을 것만 같았지요. 정선은 평해 월송정, 울진 성류굴, 망양정을 거쳐 삼척 죽서루까지 올라갔습니다. 물론 아름다운 동해의 절경을 모두 그림에 담으면서요.

"뭐라고? 어머니가!"

1735년 5월, 정선은 잠자리에 들자마자 다급한 전갈을 받고 깨어났습니다. 어머니가 세상을 떠났다는 소식이었습니다. 정선은 부랴부랴 집으로 올라가면서 현감 벼슬도 그만두었습니다. 그때는 부모상을 당하면 벼슬도 버리고 3년 동안 무덤 옆에 움막을 짓고 사는 시묘살이의 풍습이 있었거든요.

92살로 장수를 누린 어머니였지만 정선의 마음은 몹시 허전했습니다. 아버지가 일찍 세상을 뜨는 바람에 오로지 믿고 의지했던 한 분이었으니까

〈내연삼용추〉 1734년

요. 정선은 삼년상을 치르는 동안 그림에서도 손을 뗐습니다. 청하 현감 기간 중 완성하리라 계획했던 진경 산수화도 시간이 조금 더 필요해졌습니다.

  그렇지만 하나가 없어지면 하나가 생기는 게 세상의 이치이던가요. 정선은 어머니가 돌아가신 해에 둘째 손자 정황을 보았습니다. 정황은 나중에 정선의 화풍을 이어받은 진경 산수 화가로 활동하게 됩니다. 집안이 유복한 선비가 화가가 되는 경우는 매우 드문 일입니다. 정황은 어릴 적부터 그림 그리는 할아버지를 유심히 보아 온지라 자연스레 화가의 길을 선택하게 되었지요. 새로 태어난 손자는 허전함을 달래 주는 좋은 약이었습니다. 두 명의 손자를 본 정선도 벌써 환갑인 60살로 접어들었습니다.

4. 그림에 꽃이 피다

변함없는 우정

쏟아지는 명작들

웅크렸던 개구리가 멀리 뛴다는 말이 있습니다. 어머니 삼년상을 치르는 동안 그림을 멀리했던 정선은 상이 끝나자마자 기다렸다는 듯 명작을 쏟아내기 시작했습니다. 그동안 마음속에서는 수천 자루의 붓이 왔다 갔다 했겠지요.

어머니 상이 끝난 62살 되던 해 봄, 충청도로 여행을 떠났습니다. 상을 치르는 동안 지친 몸을 추스르기 위해서였지요. 충청도의 단양, 영월, 영춘, 청풍 등은 제2의 외금강으로 불릴 만큼 경치가 좋은 곳이지요. 정선은 이곳의 경치를 11폭의 그림에 담아 《사군첩》을 남깁니다. 《사군첩》 역시 《해악전신첩》, 《영남첩》과 더불어 정선의 이름을 널리 알린 3대 그림첩이지요.

이듬해인 1737년 조영석을 위해 그린 〈절강추도도〉도 명작이었습니다. 이 그림은 특이하게도 눈짝 두껍닫이에 그렸습니다. 오래전부터 그림을 그려 달라던 조영석의 성화에 시달리다가 달 밝은 겨울밤에 영감이 떠올라 순식간에 그린 작품이지요. 완성하는 순간 조영석도 시를 한 수 보탰습니다.

겸재 어른이 한밤중에 흥이 일어

〈청풍계〉 1739년

문 열고 쳐들어와 벼루를 찾네.
정성껏 먹을 갈아 하늘에 맡기고
양쪽에서 등을 들어 눈을 밝혀 준다.
바람 불고 천둥 치듯 힘차게 붓을 놀리니
세 문짝 모두 젖고 파도까지 친다.

 절강은 중국에 있는 이름난 경치입니다. 강물이 산에 부딪혀 열 번이나 꺾어지면서 굽이돌아 절강이라 불렀지요. 완성된 그림도 진짜 절강처럼 생생했나 봅니다. 조영석이 몇 년간 지방 벼슬아치로 나갔다가 돌아와 보니 누군가 그림을 떼어 가 버렸거든요.
 64세에 그린 〈청풍계〉와 〈육상묘〉, 65세 때 그린 〈삼승정〉 역시 정선의 이름값을 한 명작들입니다.
 앞장의 그림 〈청풍계〉는 백악산 청풍 계곡에 있는 스승의 집을 그린 것입니다. 정선이 제집처럼 자주 드나들던 정든 곳이지요. 집 뒤편의 묵직한 바위, 집 안뜰의 하늘을 찌를 듯 서 있는 나무를 붓을 꾹꾹 눌러 그려 힘이 넘칩니다. 청풍계는 맑은 바람이 부는 골짜기라는 뜻입니다. 그림을 보면 골짜기를 휘감아 부는 바람의 기운이 정말로 느껴지는 듯합니다.
 옆의 그림 〈삼승정〉은 초가로 이은 정자를 그렸습니다. 정자를 둘러싼 야트막한 산과 나무는 〈청풍계〉와 달리 부드러운 느낌을 주지요. 정자 앞뜰에 지팡이를 든 선비와 거문고를 맨 동자의 모습이 참 여유롭습니다.

〈삼승정〉 1740년

서울에서 삼십 리

    1740년 겨울, 정선은 양천 현령이 됩니다. 세 번째 나가는 외직이었지요. 어머니 상을 치르느라 청하 현감 임기를 마치지 못하고 그만둔 것에 대한 배려였습니다.
    한강 하류인 양천은 지금의 서울시 강서구 가양동입니다. 당시 이곳은 한양이 아니었지요. 양천 관아 뒤에 있는 궁산에 오르면 한강이 한눈에 들어오는 아름다운 고을입니다.
    사실 정선은 능력 있는 벼슬아치는 아니었습니다. 하양에서도 환상미를 잘 서두시 못해 곤욕을 치른 경험이 있었고요. 하지만 정선의 그림 재주를 아꼈던 영조 임금을 비롯해 후원해 주는 사람들이 있었기에 벼슬길이 끊어지지 않았지요.
    "나이 들어 헤어지려니 더 섭섭하구먼. 한동안 또 못 보겠지."
    한양을 떠나는 날 이병연이 배웅을 나왔습니다.

"양천이야 한양에서 겨우 삼십 리일세. 한나절이면 올 수 있는데 뭘 그리 섭섭해 하는가."

"그래도 매일 볼 수는 없잖은가."

"양천에는 봄에 나는 웅어가 그리 맛있다네. 임금님께 진상까지 하는 생선이라니 나는 대로 꼭 보내 주겠네."

"그럼 나는 뭘 보내나? 옳지! 시를 한 수씩 지어 보내면 되겠군."

"시를? 그렇다면 나는 그림을 그려 소식을 전하겠네."

"시와 그림이 서로 왔다 갔다 한다? 재미있겠는걸."

두 사람의 약속대로 시와 그림이 한양과 양천을 오갔습니다. 이병연이 시를 써서 보내면 정선은 이에 맞춰 그림을 그렸지요. 이병연은 처음에 이런 시를 적어 보냈습니다.

내 시와 자네 그림을 서로 바꿔 보세나.
누가 뛰어난지는 어떻게 평가할까?
시는 가슴에서 나오고 그림은 손으로 그리니
누가 쉽고 누가 어려운지 모르겠구나!

전화도 이메일도 없던 시절에 두 사람은 이런 방법으로 우정과 예술을 주고받았습니다. 서로의 작품을 들고 반가워하는 모습이 눈에 선합니다. 이렇게 만든 화첩이 《경교명승첩》입니다. 서울 근교의 뛰어난 경치를 그린 그림들로 엮었지요.

《경교명승첩》은 '시화상간첩'이라는 이름으로도 잘 알려져 있습니다. 시와 그림을 서로 바꿔 본다는 말입니다. 이 화첩은 2권으로 모두 25점의 그림이 들어 있습니다. 한강 상류의 압구정, 송파나루, 광나루는 물론 하류의 공암, 양화진, 행주 산성, 양천 관아까지 두루 담아냈지요. 〈종해청조〉는 《경교명승첩》에 있는 그림의 하나로, 종해헌은 정선이 근무하던 양천 관아의 동헌 이름입니다. 종해청조(宗海聽潮)는 '종해헌에서 바닷물과 한강 물이 부딪혀 내는 소리를 듣는다'는 뜻이지요. 멀리 남산과 관악산이 보이고 유유히 흐르는 강에는 배가 떠다닙니다. 아래쪽에 양천 관아가 보이고 가장 큰 건물인 종해헌 난간에 기대어 누군가 물소리를 듣고 있습니다.

그 외에도 그림첩 속의 작품 한 점 한 점이 모두 아름답기 그지없습니다. 은은하고도 화려한 녹색 바탕의 그림은 부드러우면서도 우아한 느낌을 주지요. 오늘날에는 찾아볼 수 없는 한강의 옛 모습을 알려 주는 사진 역할도 톡톡히 합니다. 정선을 '금강산 화가'로만 알고 있는 사람이 많은데, 자신이 살았던 한양 주변의 경치 또한 금강산 못지않은 솜씨로 그려 냈습니다. 자신이 몸담았던 삶의 터전을 사랑한 화가의 마음씨가 엿보입니다.

〈경교명승첩〉 중 〈종해청조〉

임진강 뱃놀이

양천의 생활은 말없이 흐르는 한강처럼 유유히 흘러갔습니다. 1742년 10월 보름을 앞둔 날, 경기도 관찰사 홍경보로부터 전갈을 받았습니다.

"곧 휘영청 달 밝은 시월 보름이오. 소동파가 뱃놀이를 하며 〈적벽부〉를 지은 날도 이 날이니 우리도 그렇게 즐겨 볼까 하오. 임진강 상류 삭녕(지금의 경기도 연천군과 강원 철원 부근의 옛 지명)에도 똑같은 이름의 적벽이 있소. 거기서 배를 띄울 테니 꼭 오시오."

1742년으로부터 약 700년 전인 1082년 시월 보름날, 중국의 유명한 시인 소동파가 양쯔 강에 있는 적벽에서 배를 띄우고 놀았던 일이 있었습니다. 홍경보는 옛 일을 생각하며 똑같이 풍류를 즐겨 보자고 한 거지요. 직속 상관인 경기도 관찰사의 부름에 양천 현령인 정선은 한달음에 달려갔습니다.

"어서 오시오, 양천 현령."

홍경보는 반갑게 맞아 주었습니다. 연천 군수 신유한도 미리 와서 기다리고 있었습니다. 신유한은 글을 잘 짓기로 이름난 사람이었지요. 세 사람은 삭녕의 우화정이란 정자에서 배를 타고 출발하였습니다. 이들이 탄 큰

배와 술과 음식을 가득 실은 작은 배들이 횃불을 밝히며 물살을 가르는 모습은 보기 드문 장관이었지요.

"양천 현령, 나와 소동파 중 누가 더 행복하겠소?"

"감사 나리, 소동파는 귀양 갔던 몸이고 감사 나리야 거리낄 게 없잖습니까? 근심 많았던 소동파보다 백배는 더 행복하시겠지요."

"껄껄껄! 과연 우문에 현답이오."

홍경보는 술에 취한 이 밤이 무척 즐거웠습니다. 술을 잘 마시지 못하는 정선도 보름 달밤의 분위기에 한껏 취했습니다.

작은 배에 이 한 몸 싣고, 물 가는 대로 맡겼도다.
넓은 물을 헤쳐 나가니 내 몸은 바람을 타고 제멋대로 나는구나.
드디어 속세를 벗어나 혼자되어, 날개 단 신선이 되어 하늘에 오르네.

세 사람은 뱃전을 탁탁 두드리며 노래까지 불렀습니다. 40리 뱃길이 후딱 지나갔습니다.

뱃놀이가 끝난 후 신유한은 글을 짓고 정선은 그림 두 점을 그렸습니다. 배를 타고 우화정에서 출발하는 〈우화등선〉과 연천의 웅연에 도착하여 배를 대는 〈웅연계람〉입니다. 파노라마처럼 펼쳐지는 밤 풍경을 묵직한 붓으로 그려 낸 이 그림은 산수와 풍속이 한데 어우러진 진경화이지요. 정선은 똑같이 세 본을 그려 서로 한 본씩 나누어 가졌습니다.

《연강임술첩》 중 〈우화등선〉 1742년

　그림 그리고 풍류를 즐기는 게 현감 일의 전부였다면 얼마나 좋았을까요. 하지만 고을을 다스리는 벼슬아치로서의 일도 정선의 몫이었습니다.
　매일 올라오는 송사야 시시비비를 가려 결정하면 그만이었지만 세금이나 빌려 준 쌀을 거두는 일은 참 고역이었습니다. 자식 같고 부모 같은 백

성들을 닦달하는 일이 애당초 성선에게 맞지 않았거든요. 형편이 어려운 사람들을 보면 그냥 넘어가는 일도 많았습니다. 이런저런 사정을 봐주다가 하양 현감 시절에 한 번 된통 당했던 경험이 있었건만 곧이곧대로 되지 않았습니다.

    1744년 봄, 홍경보가 병으로 죽자 후임으로 온 경기도 관찰사 유엄이

《연강임술첩》 중 〈웅연계람〉 1742년

뜻밖의 장계(지방에 파견된 벼슬아치가 자기 관하의 중요한 일을 임금에게 보고하는 문서)를 올립니다.

"경기도 내 군량미 수거 실적을 아뢰옵니다. 교동 부사 구수훈이 꼴찌, 양천 현령 정선이 그 다음입니다. 이런 자들을 그냥 두면 안 되니 벌하시는 게 마땅할 줄 아옵니다."

보고를 받은 영조는 입장이 참 난처했습니다. 그냥 넘어가자니 신하들에게 영이 서질 않고 벌을 주자니 정선이 안되었습니다. 그렇지만 지난번 환상미 사건도 있었던지라 또 그냥 넘기기는 어려웠습니다.

"법내로 정선을 벌하라!"

정선은 어쩔 수 없이 곤장을 맞는 형벌을 당하였습니다. 모질지 못한 천성 때문에 겪어야 했던 불행이었습니다. 다음 해 1745년 1월 28일에는 양천 현령을 그만두고 말았습니다. 정선의 나이도 벌써 70고개를 넘어가고 있었습니다.

《퇴우이선생진적첩》

　나이가 많이 들었지만 그림을 향한 정선의 열정은 조금도 식지 않았습니다. 손에서 붓을 놓는 날이 없었고 제자를 가르치는 일에도 정성을 쏟았습니다. 많은 화가들이 그에게 그림을 배웠는데 심사정, 김희겸, 마성린이 유명하지요.

　심사정은 명문가 출신이었지만 할아버지가 과거 시험에서 부정 사건을 저지른 데다 왕세제인 영조를 없애려는 음모에 가담했다 발각되는 바람에 집안이 몰락하여 평생 벼슬길에 나갈 수 없었습니다. 정선에게 그림을 배워 화가의 길로 나서게 되었지요. 심사정은 진경 산수화를 잘 그리지는 않았지만 남종화의 일인자로 정선과 쌍벽을 이루는 솜씨를 자랑했지요.

　마성린은 글씨도 잘 썼고 그림을 보는 눈도 높았습니다. 그런데 정선에게 그림 주문이 몰려들 때 대신 그려 주다가 지친 나머지 그림에서 아예 손을 떼고 말았지요.

　김희겸은 정선을 가장 가까이서 모시고 다닌 화원입니다. 정선의 그림과 너무 똑같이 그려 웬만한 사람은 구별조차 못했다고 합니다. 원래 이름은 희성이지만 정선을 무척 존경한 나머지 정선의 호 겸재에서 한 글자를 따

희겸이라는 이름을 쓰게 되었지요.

　보통 사람이라면 벌써 죽음을 준비할 나이였지만 정선은 왕성한 작품 활동은 물론 제자를 길러 내는 일 또한 거뜬히 해냈습니다. 정선에게 나이란 정말 숫자에 불과한 것이었습니다.

　왕성한 활동을 하면서도 여유를 잃지 않았던 정선입니다. 〈독서여가〉는 거의 유일하게 정선의 자화상이 들어 있는 그림입니다. 조그만 체구의 정선은 책을 읽거나 그림을 그리다가 힘들면 툇마루에 앉아 쉬면서 꽃을 감상하기도 했지요.

"아버님, 이제는 가져올 때가 된 것 같습니다."

"음. 어렸을 적에 외할아버지께서 그 책에 송시열 선생의 친필을 받아 오신 게 기억나는구나. 그런 소중한 책을 선뜻 내줄지 모르겠다."

"하지만 그 책은 계속 외가로만 전해져 왔지 않습니까."

"그래, 가서 잘 말씀드려 보거라."

　정선의 둘째 아들 만수가 외가에서 보관하고 있는 〈주자서절요서〉를 받아 오겠다고 했습니다. 벌써 오래전부터 생각해 왔던 터라 이제는 더 이상 미룰 수 없었습니다. 아비지의 벼슬이 높아져서 책을 물려받을 만한 자격도 생겼고, 나이도 점점 들어가니 돌아가시기 전에 받아 놓는 게 현명한 일이었지요.

　정만수는 정선의 외할아버지 박자진의 후손인 박종상을 만났습니다. 나이가 정만수보다 30살이나 많은 박종상은 완강하게 거절했습니다. 박자진

《경교명승첩》 중 〈독서여가〉

이 세상을 떠날 때 그런 유언은 없었다는 겁니다.

"이 책은 아시다시피 외가로만 전승되어 온 전통이 있습니다. 퇴계 선생의 손자 되시는 분이 외손자에게 전해 주었고, 그분은 다시 사위인 박자진 어르신께 전해 주었습니다. 이제는 외손자인 제 아버님이 물려받아야 하지 않겠는지요."

정만수의 간절한 청으로 마침내 〈주자서절요서〉가 정선의 집으로 오게 되었습니다. 정선의 기쁨은 이루 말할 수 없이 컸습니다. 조선 성리학의 대가인 퇴계 이황 선생의 학풍이 자신에게로 이어졌다는 의미가 생겼기 때문이지요. 정선은 책이 전해 오는 과정을 담은 네 폭의 그림을 그렸습니다.

첫 번째 〈계상정거〉에는 퇴계 이황이 후학을 가르치던 도산서당에서 〈주자서절요서〉를 짓는 모습이 담겼습니다. 계상정거(溪上靜居)는 시냇가의 고요한 집이란 뜻입니다. 학문에 전념하는 이황의 기품 있는 모습이 정선 특유의 소나무 솜씨와 함께 잘 어우러졌습니다. 이 그림은 현재 천 원권 지폐에도 실려 있지요.

두 번째는 무봉산에서 외할아버지 박자진이 송시열에게 글을 받고 있는 〈무봉산중〉(26쪽 참조)이라는 작품입니다. 정자 안에 갓을 쓴 이가 박자진이고 수염이 허연 분이 송시열입니다.

세 번째 〈풍계유택〉(17쪽 참조)은 외할아버지가 살았던 집을 그렸습니다. 정선이 어렸을 적 수없이 드나들던 정 깊은 곳이지요. 자신을 너무도 아껴 주었던 외할아버지를 결코 잊을 수 없었습니다.

《퇴우이선생진적첩》 중 〈계상정거〉 1746년

　마지막 〈인곡정사〉는 정선이 사는 집을 그렸습니다. 뒤쪽 울창한 솔숲이 매우 인상적입니다. 정선은 어렸을 적 매우 가난했는데 이렇게 큰 집에서 살 만큼 살림살이가 폈으니 더욱 의미 있었지요.

　〈주자서절요서〉와 네 점의 그림을 묶은 그림첩이 바로 《퇴우이선생진적첩》입니다. 퇴계 이황과 우암 송시열, 두 분의 흔적이 담겼다는 뜻입니다. 여기에 이병연이 시를 써서 보탰고 정만수도 책을 갖게 된 내력을 적었습니다. 1746년 가을, 정선이 71살 때의 일이었습니다.

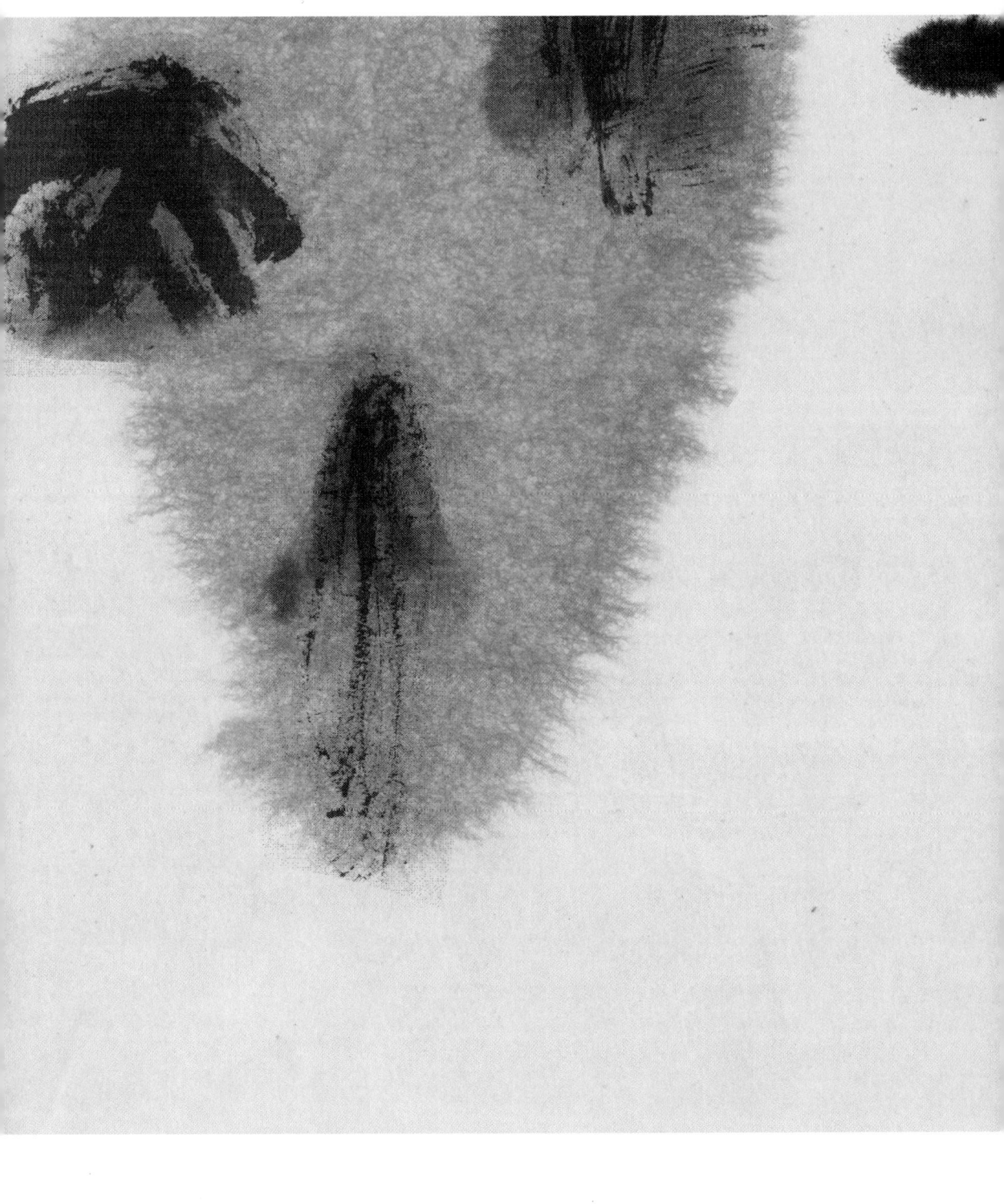

5. 그림이 인생이다

붓으로 쌓은 무덤

세 번째 금강산 여행

1747년, 새해는 우울한 일로 시작되었습니다. 정선의 72세 생일을 이틀 앞둔 1월 1일, 동생 정유가 세상을 떠났습니다. 가난 때문에 먼 친척 집으로 입양을 보냈던 터라 항상 눈에 밟히던 동생이었습니다. 그런 동생이 형보다 먼저 세상을 등졌으니 오래 사는 것도 행복하지만은 않나 봅니다. 사랑하는 사람을 앞서 보내는 아픔도 겪어야 하니까요.

동생의 장례를 치른 정선은 뜻밖의 일을 계획합니다. 늙은 몸을 이끌고 금강산 여행을 떠나기로 한 겁니다. 모두 말도 안 되는 일이라고 반대했습니다. 일흔두 살의 노인이 겨울에 금강산이라니요. 조영석은 싸움이라도 할 듯 말렸습니다.

"정녕 줄초상이라도 치르고 싶은 거요? 스무 살 청년도 아니면서!"
"히히, 이 사람 험한 소리는. 자네도 같이 가던지."
"난 추워서 못 가겠소. 정 떠나려거든 옷이나 단단히 챙겨 가시오."

그러나 이병연은 알고 있었습니다. 정선이 겨울이 채 가기도 전에 금강산을 가려는 까닭을. 이병연은 꾸부정한 허리로 지팡이를 짚어 가며 마중 나왔습니다.

"미안하이. 함께 못 가서."

"자네의 초청으로 금강산을 갔다 온 게 벌써 36년 전이네. 더 이상 볼 게 없다고 생각했는데 그게 아니야. 마지막 진경화를 완성하기 위해서는 또 다녀와야겠네."

"자네 진경화야 세상이 다 인정하는데 뭐가 모자란다는 말인가?"

"그림에 끝이 있는가. 나이가 드니 모자라는 점만 눈에 띄어. 죽기 전에 마음에 꼭 드는 금강산을 그려 보고 싶네."

36년 만에 다시 찾은 금강산은 겨울의 끝자락을 잡고 있었습니다. 잎을 다 떨군 나무들은 앙상한 가지를 내놓고 떨고 있었습니다. 왜 겨울에는 금강산을 개골산이라 부르는지 알 것 같았습니다. 봉우리마다 하얀 뼈처럼 보이는 바위를 다 드러냈거든요. 금강산은 자신의 속살을 고스란히 보여 주었습니다.

정선은 가마를 타고 다닐 수 있는 곳만 들렀습니다. 마음 내키는 풍경이 있으면 그 자리에 앉아 그림도 그렸습니다. 뛰어난 풍경은 몇 번씩 그리기도 하였습니다. 그림도 많이 달라졌습니다. 나이가 들면 하나둘 욕심을 비우듯 그림에도 많은 것을 과감히 생략했거든요. 어떤 그림은 겨우 몇 가닥 선으로만 채우기도 했습니다.

정선은 인상적인 풍경만 골라 21폭의 화첩으로 꾸렸습니다. 바로 《해악전신첩》입니다. 36년 전에도 똑같은 이름의 화첩을 만들었지요. 이 화첩과 《신묘년 풍악도첩》을 비교하면 그림이 정말 많이 달라진 것을 알 수 있습니다.

《해악전신첩》 중 〈금강내산도〉 1747년

《해악전신첩》 중 〈칠성암〉 1747년

《해악전신첩》의 〈금강내산도〉와 《신묘년 풍악도첩》의 〈금강내산총도〉(59쪽 참조)를 비교해 보세요. 새색시처럼 서툴고 어색했던 필법이 중년의 아주머니처럼 무르익었습니다. 전체적인 산 모습이 꽃망울을 활짝 터트리기 직전의 연꽃마냥 그윽합니다.

　〈칠성암〉은 바다 위에 서 있는 갖가지 모양의 바위를 그렸습니다. 몇 가닥의 선으로 넘실대는 파도를 그리고 일곱 개의 바위는 마치 사람처럼 그렸네요. 있는 대로 그리지 않고 마음속에서 실컷 주무른 다음 저렇게 천연덕스러운 모습으로 표현했지요. 재미있고도 대담한 생각입니다.

《주역》으로 풀어낸 금강산

마지막 금강산 여행으로 해묵은 숙제까지 풀 수 있었습니다. 그러나 그동안 금강산의 전체 모습을 완벽하게 그려 내지 못한 것이 아쉬웠습니다. 여행을 마치고 집에 돌아와서도 계속 고민했지만 속 시원한 해결책은 보이지 않았습니다. 고민을 거듭하던 정선은 그만 고단한 잠에 빠져들었습니다.

"크르릉, 쾅!"

먹구름이 잔뜩 낀 하늘에서 연달아 천둥소리가 울렸습니다. 금방이라도 세상을 집어삼킬 듯 커다란 소리가 으르렁거리는 맹수 소리 같았지요. 비도 억수같이 퍼붓기 시작했습니다.

"겨울에 웬 비가 이렇게 세차게 내린담."

정선은 바위 아래 쪼그리고 앉아 비를 피했습니다. 빗줄기는 서릿발처럼 거세져 온몸을 후벼 파고들었습니다. 정선은 오들오들 떨면서 비를 흠뻑 맞았습니다.

사흘째 되던 날 아침, 천지를 뒤덮었던 먹구름이 물러났습니다. 세차게 내리던 비도 그쳤습니다. 꽁꽁 숨었던 해가 비추자 금강산 봉우리들이 하나둘씩 얼굴을 드러냈습니다. 하얀 화강암 봉우리들은 햇빛을 받아 반짝반짝 빛났지요.

정선은 고개를 들어 봉우리를 바라보았습니다. 하지만 숲에 가려진 봉우리들은 좀처럼 제 모습을 드러내지 않았습니다. 까치발도 해 보고 펄쩍펄쩍 뛰어도 보았지만 소용없었습니다. 정선은 산을 뛰어오르기 시작했습니다. 그렇지만 마음만 급할 뿐 앞으로 나아가지 않았습니다.

애가 탔습니다. 발만 동동 구르면서 팔을 앞뒤로 휘둘렀습니다. 그런데 갑자기 이상한 일이 벌어졌습니다. 정선의 발이 땅에서 떨어지는가 싶더니 몸이 공중으로 두둥실 떠오르기 시작한 겁니다. 정선은 팔을 더 크게 휘저었습니다. 팔을 휘저을수록 몸은 하늘 높이 자꾸자꾸 떠올랐습니다.

마침내 금강산 일만 이천 봉우리가 한눈에 들어왔습니다. 반짝반짝 빛나는 봉우리들은 너무 아름다웠습니다. 금강산을 한눈에 보지 못해 애태우던 고민이 후다닥 달아나 버렸습니다. 자신이 그리고자 했던 금강산의 전체 모습이 눈앞에 쫙 펼쳐져 있었습니다.

"옳다구나!"

정선은 소맷자락 안에 넣어 두었던 붓과 종이를 꺼내려고 날갯짓을 멈추었습니다. 그러자 순식간에 몸이 아래로 곤두박질치기 시작했습니다. 깜짝 놀라 다시 팔을 휘둘러 보았지만 소용없었습니다.

"아악!"

공포에 질린 정선은 외마디 비명을 질렀습니다.

"나리, 무슨 일이십니까?"

문이 열리면서 하인 하나가 부리나케 방 안으로 들어왔습니다. 그제야

〈금강전도〉 1734년

정선은 눈을 번쩍 떴습니다. 꿈이었습니다. 온몸은 땀으로 범벅이었습니다. 팔다리가 끊어질 듯 아팠지만 꿈속에서 본 금강산 모습이 기억 속에 뚜렷하게 남았습니다.

"빨리 먹을 갈아라! 종이도 대령하렷다!"

아닌 밤중에 홍두깨인 양 어리둥절하던 하인은 재빨리 먹과 종이를 준비했습니다. 정선은 꿈에서 본 금강산의 모습을 그려 나가기 시작했습니다. 흥이 오르자 한 손에 두 개의 붓을 쥐고 이리저리 팔을 놀렸습니다.

금강산 전체 모습을 그린 〈금강전도〉는 금강산 그림의 결정체이자 진경산수화의 완성판입니다.

역시 《주역》의 대가답게 음양 조화 원리를 살렸습니다. 오른쪽은 깎아지른 듯한 바위 봉우리를 쭉쭉 뻗은 수직준으로, 왼쪽은 기름진 흙산을 미점준으로 표현했지요. 전체적으로 산 모양이 원을 이루었습니다. 오른쪽 바위산과 왼쪽 흙산 사이는 S자 모양으로 굴곡지게 했고요. 마치 거대한 태극무늬를 닮았습니다. 〈금강내산총도〉, 〈금강내산도〉에서 볼 수 없던 기법입니다. 온 산에는 푸르스름한 빛깔을 띤 상서로운 기운이 은은히 퍼져 있습니다. 처음 세상이 창조되었을 때 이런 모습이 아니었을까요? 이 그림을 본 박준원이라는 사람은 이런 시를 지었습니다.

일만 이천 봉이 한 줌 안에 다 들었으니
정선의 신기한 솜씨가 여기에서 더욱 빛나는구나.

비 개인 뒤의 인왕산

1751년 5월은 윤달이었습니다. 좀 일찍 시작된 장맛비가 며칠째 쉼 없이 내리고 있었습니다. 후덥지근한 날씨는 건강한 사람도 병이 나게 할 정도였지요.

"사천 어른의 병은 어떻더냐?"

"그게……."

"뭐 잘못되기라도 하였느냐?"

"며칠째 누워 계신데 물 한 모금 못 넘긴다고 합니다. 아무래도 이번에는 일어나시기 힘들 듯하옵니다."

정선은 아무 말이 없었습니다. 자신이 76살이니 이병연은 81살, 잦은 병치레도 이상하지 않을 나이였습니다. 그래도 자신의 반쪽 같은 친구가 누워 있으니 걱정이 태산입니다. 정선은 비를 뚫고 이병연의 집을 찾았습니다. 누워 있는 이병연은 가늘게 눈을 떴습니다.

"친구가 왔는데 이렇게 누워 있으면 어떡하는가?"

"내가 자네보다 다섯 살 많은 형 아닌가. 좀 누워 있으면 어때."

이병연은 애써 미소를 지었지만 목소리에는 힘이 하나도 없었습니다.

〈인왕제색도〉 1751년

"어서 툭툭 털고 일어나게. 자네가 이러고 있으니 심심해서 못 살겠어."

"그동안 참 즐거웠네. 자네나 나나 서로가 없었다면 무슨 재미로 살았을까? 이제 죽어도 여한이 없어."

"무슨 소리! 백 살까지는 살아야지."

정선은 이병연의 손을 꼭 잡았습니다. 이병연의 야윈 손이 바르르 떨렸습니다.

줄기차게 내리던 비는 5월 25일 오후에야 그쳤습니다. 엿새 동안 쉬지 않고 내리던 비였습니다. 정선은 빗물이 군데군데 고인 앞마당으로 나섰습니다. 비에 푹 젖은 인왕산이 한 눈에 들어왔습니다. 산 중턱에는 물안개가 피어오르고 골짜기에는 없던 폭포도 몇 개 생겨났습니다.

정선은 한참 동안 산을 바라보았습니다. 태어날 때부터 지금까지 줄곧 두 사람을 말없이 지켜봐 준 산입니다. 가슴이 터질 듯했습니다. 무슨 일이라도 하지 않으면 미칠 것만 같았습니다.

정선은 마루에 앉아 비 개인 뒤의 인왕산을 그리기 시작하였습니다. 비를 잔뜩 머금은 인왕산 봉우리를 표현하느라 붓에도 먹을 듬뿍 묻혀 그렸습니다. 그리고도 부족했던지 붓을 옆으로 눕힌 다음 칠한 데를 또 칠했습니다. 그렇게 몇 번씩이나 거듭 칠하자 응어리진 마음이 조금은 풀리는 것 같았습니다. 아래쪽에는 이병연이 사는 집을 기와만 살짝 보이게 그렸습니다. 저 집 안에 이병연이 누워 있겠지요. 소원을 이루어 준다는 부침바위도 꼭지 달린 사과마냥 빠뜨리지 않았습니다.

"사천, 꼭 일어나게. 꼬옥!"

정선은 이병연이 병을 털고 일어나기 바라는 염원을 담아 붓을 꾹꾹 눌렀습니다. 〈인왕제색도〉는 바라볼수록 비장한 느낌이 드는 그림입니다. 친구를 생각하는 간절한 마음이 담겼기 때문입니다.

이 같은 정선의 기원도 아랑곳없이 나흘 후인 5월 29일, 이병연은 세상을 떠났습니다. 정선은 자신의 몸 반쪽이 빠져나가는 느낌을 받았습니다.

돋보기안경을 겹쳐 쓰고

1754년, 환갑을 맞은 영조는 정선의 안부가 궁금했습니다. 몇 년 전 군량미 일로 곤장을 맞게 놔둔 일이 마음에 걸렸거든요.

"정선이 아직 살아 있는가?"

"네, 올해 79살입니다."

"오, 벌써 그렇게 되었다고? 이젠 그림을 안 그리겠지?"

"아니옵니다. 나이 들수록 그림이 더 신령스러워진다고 합니다."

"그 나이에 그림을 그린다고? 믿기지 않는구나."

"안경을 쓰면 희미한 촛불 아래서도 끄떡없다고 들었습니다."

2월에 정선은 종4품 사도시(궁중의 쌀과 장 등의 공급과 관리를 맡아보던 관청) 첨정이 됩니다. 80살이 다 되어서도 정정하게 활동한다는 소식이 영조의 마음을 움직였지요. 이게 끝이 아니었습니다. 1756년에는 두 단계 더 올라 종2품 가선대부 동지중추부사가 되었습니다.

종2품 벼슬에 오르면 조상들을 추증(죽은 뒤에 벼슬의 품계를 높여 주는 일)해 주는 규정이 있습니다. 그래서 이미 세상을 떠난 아버지 정시익은 호조참판, 할아버지 정윤은 좌승지, 증조할아버지 정창문은 사도시정으로 추

증됩니다. 정선 덕분에 죽은 조상들까지 3품 이상의 벼슬을 얻게 되었지요. 과거 시험도 치르지 않은 정선으로서는 더 이상 바랄 게 없는 자리까지 오른 것입니다.

"아버지, 이제는 그림을 그만 그리셔도 되지 않겠습니까?"

80살이 넘어서도 밤 늦게까지 그림에 몰두하는 정선이 걱정되어 맏아들 만교가 조심스레 물었습니다.

"무슨 소리냐. 그림을 빼면 내게 뭐가 남는다고. 죽는 날까지 붓을 놓지 않으련다."

"눈도 많이 나빠지셨고 전에 없던 손 떨림까지 생겼습니다. 신상을 생각하셔야지요."

"아직 할 일이 남았다. 네 아들 황이도 요즘 그림에 부쩍 흥미를 보이던데 그 녀석도 봐 줘야 하고."

만교는 더 이상 말리지 않았습니다. 아버지의 열정을 꺾을 수 없다는 사실을 누구보다 더 잘 알고 있었거든요.

정선은 여든 살이 넘어서도 그림 그리기를 멈추지 않았다.
돋보기안경을 몇 개씩 겹쳐 쓰고 희미한 촛불 아래에서 세밀하게
그림을 그리는데 털끝만 한 실수도 없었다.

《열하일기》라는 여행기를 쓴 박지원이 한 말입니다. 늦은 밤 돋보기안경

〈박연폭포〉 1751년

을 겹쳐 쓰고 그림에 열중하는 정선의 모습이 눈에 선하군요. 평생 사용하다 닳은 붓을 쌓으면 무덤을 이루었다는 소문이 괜히 나온 게 아닙니다. 정선은 타고난 천재가 아니라 굉장한 노력파였다는 사실에 고개를 끄덕이게 됩니다.

이즈음 그린 〈박연폭포〉는 보는 사람의 가슴을 뻥 뚫어 줄 만큼 통쾌합니다. 시원하게 쏟아져 내리는 폭포를 힘찬 필치로 그린 작품입니다. 실제로는 저만치 높지 않은데 일부러 과장하여 그렸습니다. 우렁찬 폭포 소리를 강조하기 위해서지요. 그림을 보고 있노라면 우레 같은 물소리가 귀에 들려오는 것 같습니다.

정선의 3대 대표작으로 꼽히는 〈금강전도〉, 〈인왕제색도〉, 〈박연폭포〉는 모두 70~80대 무렵에 그렸습니다. 노화가의 솜씨라고는 믿기 힘들 정도로 힘이 넘쳐나는 작품들입니다. 어디서 그런 정열이 솟아났는지 불가사의할 정도입니다.

80살이 넘어서는 화풍도 확 바뀌었습니다. 세세한 묘사도 줄이고 필요 없는 부분은 과감하게 생략하는 파격을 보여 주었습니다.

〈금강대〉는 금강산 만폭동에 있는 바위를 그렸습니다. 주변 경치는 모두 생략하고 금강대만 살짝 그렸네요. 너무 간략해서 언뜻 보면 금강대 같지도 않습니다. 배경으로 삼은 두 개의 봉우리도 윤곽선만 흐릿하게 그렸고요. 마치 현대의 추상화를 보는 것 같은 대담한 변형입니다.

많은 그림이 〈금강대〉처럼 간략해져 갔습니다. 대상을 똑같이 그대로 그

〈금강대〉

리는 경지에서 완전히 벗어난 겁니다. 눈은 더욱 나빠지고 팔 힘도 떨어진 상태라 어쩔 수 없는 선택이기는 했지만 나이 들면서 찾아오는 신체의 노화를 장점으로 발전시킨 것이기도 합니다. 대상의 핵심만을 꿰뚫어 보는 능력이 빛을 발한 것이지요.

 모르는 사람이 보면 성의 없는 그림으로 생각할지도 모릅니다. 하지만 그림을 아는 사람들은 오히려 박수를 쳐 줍니다. 버림으로써 오히려 화면을 가득 채웠다는 느낌을 주니까요. 한 화가가 마지막에 도달해야 하는 그림은 이렇다는 걸 보여 주는 듯합니다.

다 이루었다

    정선의 그림에서 필요 없는 것들은 하나씩 빠져나갔습니다. 동시에 자신의 삶도 하나씩 비워 나갔습니다. 죽음이 조금씩 눈앞에 다가오는 걸 느꼈기 때문입니다. 가끔 하늘을 쳐다보며 중얼거리기도 했습니다.
    "사천, 거기 있는가? 곧 따라 가겠네."
    정선의 기력은 점점 떨어졌습니다. 더 이상 붓을 들 힘도 남아 있지 않았습니다. 가는 숨을 몰아쉬며 자식들을 불러 앉혔습니다.
    "내가 너무 오래 살았다."
    가족들을 둘러보는 정선의 얼굴에는 알 듯 모를 듯 미소가 번졌습니다. 죽는다는 두려움이라고는 전혀 찾아볼 수 없는 표정이었습니다. 모두들 정선의 입에서 나오는 소리에 귀를 기울였습니다. 아무래도 마지막 말이 될 듯 싶어서였지요.
    "나는 행복했다. 후회나 여한이 하나도 없어."
    정선에게 그림을 배운 손자 정황이 두 손을 꼭 잡아 주었습니다. 정선은 정든 얼굴들을 한 번 더 천천히 둘러보았습니다. 손자를 붙들었던 손이 스르르 미끄러져 내렸습니다.

1759년 3월 24일, 정선은 가족들이 지켜보는 가운데 84세의 나이로 숨을 거두었습니다.

정선은 더 이상 채울 수 없을 정도로 행복한 삶을 살았습니다. 자연인으로서의 삶, 화가로서의 삶, 바라는 대로 모두 이루었지요. 같은 시대를 불우하게 살았던 대부분의 화가와는 달랐습니다.

또한 84살이라는 보기 드문 장수를 누렸습니다. 3대째 벼슬이 없다가 종2품 동지중추부사까지 올랐고 조상들의 벼슬까지 추증되었습니다. 많은 자손을 두었고, 사랑하는 손자가 자신의 화풍을 이어받기도 했지요. 평생지기 이병연을 만나 죽을 때까지 끈끈한 우정을 나누었고요.

무엇보다 화가로서 삶이 빛났습니다. 이전에 없던 그림을 만들어 조선 화단의 새로운 경지를 개척했습니다. 진경 산수화를 만들고 다듬어 완성한 공로는 한국 미술사의 가장 빛나는 업적이지요.

강희언, 김윤겸, 정충엽, 김응환, 이인문, 정수영, 김홍도 등 이름만 들어도 쟁쟁한 화가들이 정선의 영향으로 진경 산수화를 따라 그리게 됩니다. 한동안 조선 화단에는 겸재 화풍이 유행처럼 번졌지요. 진경 산수화는 풍속화와 더불어 우리 것을 알고 사랑하려는 노력의 성과이기도 합니다. 영조 시대 문화의 황금기를 이끈 조선 미술의 자긍심이었지요.

이렇듯 비길 데 없이 행복한 삶이었지만 그래도 대화가의 죽음은 슬픈 일입니다. 더 이상 새로운 그림을 볼 수 없다는 뜻이지요. 누구보다 애달파한 사람은 조영석이었습니다.

"나도 늙어 몸이 말을 안 들으니 장례에도 못 가는구나. 돌아가신 분께 너무 죄송하다. 대신 추모의 글을 지어 슬픔을 달래노라."

조영석은 정선의 죽음을 애도하는 긴 글을 지어 영전에 바쳤습니다.

대화가요, 당상관 벼슬아치이기도 한 정선의 장례식은 많은 사람들로 붐볐습니다. 언제 어떻게 세상을 떠났는지도 모르는 다른 화가들에 비하면 행복한 죽음이었지요. 장례를 마친 정선의 주검은 경기도 양주 해등촌면 계성리(지금의 서울 도봉구 쌍문동) 양지바른 산자락에 묻혔습니다.

> 얼마나 그림에 정성을 쏟았는지 쓴 붓을 땅에 묻으면 무덤이 될 정도였다. 스스로 새로운 화법을 만들어 우리나라 산수 화가들이 똑같은 방식으로 그리는 잘못된 습관을 씻어 버리니 조선적인 산수 화법은 정선으로부터 비로소 새롭게 출발하게 되었다.

정선을 누구보다도 잘 아는 조영석의 말입니다. 몇 마디 안 되는 말 속에 정선의 인간됨과 성실함, 그리고 그가 이룬 한평생의 업적이 고스란히 들어 있습니다.

세상을 떠난 지 13년이 지난 1772년, 정선은 다시 종1품 한성판윤(지금의 서울 시장)의 벼슬을 받습니다. 이로써 그는 죽어서도 최고의 반열에 오르는 행운을 누린 사람이 되었습니다.

정선의 생애

1676년(1세)	숙종 2년 1월 3일 한성부 북부 순화방 유란동(지금의 서울시 종로구 청운동)에서 태어나다. 본관은 광주이며 아버지는 정시익, 어머니는 밀양 박씨이다.
1689년(14세)	아버지 정시익 세상을 떠나다.
1694년(19세)	외할아버지 박자진이 세상을 떠나다. 왕자 연잉군(나중에 영조 임금)이 태어나다.
1704년(29세)	20대 중반에 연안 송씨와 결혼하여 첫 아들 정만교를 낳다.
1710년(35세)	둘째 아들 정만수가 태어나다. 절친한 친구 이병연이 금강산 부근 금화 현감으로 부임하다.
1711년(36세)	이병연의 도움으로 스승 김창흡과 함께 첫 번째 금강산 여행을 떠나다. 여행 후 금강산 경치를 그린 그림첩 《신묘년 풍악도첩》을 남기다.
1712년(37세)	이병연의 아버지 및 동생과 함께 두 번째 금강산 여행을 다녀오다. 《해악전신첩》을 남겼으나 지금은 전하지 않는다.
1716년(41세)	첫 번째 벼슬로 관상감 천문학 겸교수가 되다.
1719년(44세)	이하곤의 집에서 〈사시풍경도〉 4점을 그리다.
1721년(46세)	경상도 하양 현감(지금의 대구시 부근)이 되다. 연잉군이 왕세제에 책봉되다.
1722년(47세)	첫 번째 손자 정갑이 태어나다. 스승 김창흡과 정선에게 많은 도움을 주던 김창집이 세상을 떠나다.
1724년(49세)	숙종의 뒤를 이었던 경종이 승하하고 영조가 제21대 임금이 되다.
1726년(51세)	9월, 하양 현감 임기를 마치고 한양으로 돌아오다. 영남 지방의 경치를 그린 《영남첩》을 남기다.
1727년(52세)	이제까지 살던 백악산 기슭을 떠나 인왕산 아래로 이사하다.
1728년(53세)	이인좌의 난이 진압된 후 태평성대를 기원하는 〈사직송〉을 그리다.

1733년(58세)	6월, 경상도 청하 현감(지금의 포항시 부근)에 임명되다.
1734년(59세)	경상도 지방의 경치를 돌아보고 〈도산서원〉, 〈해인사〉, 〈성류굴〉 등을 그리다. 가을에 내연산 폭포 바위에 '1734년 정선이 다녀가다'라는 글씨를 새기다.
1735년(60세)	둘째 손자 정황이 태어나다. 정황은 나중에 정선의 뒤를 이어 화가로 활동하다. 어머니 밀양 박씨가 92세로 세상을 떠나다. 청하 현감을 그만두고 한양으로 올라와 삼년상을 치르다.
1737년(62세)	남한강 상류에 있는 청풍, 단양, 영춘, 영월 4개 군을 여행하고 《사군첩》을 남겼으나 지금은 전하지 않는다.
1740년(65세)	한강 근처에 있는 양천 현령(지금의 서울시 강서구 일대)이 되다. 이듬해 이병연과 시와 그림을 주고받으며 한강 주변의 경치를 그린 《경교명승첩》을 완성하다.
1742년(67세)	10월, 경기도 관찰사 홍경보, 연천 현감 신유한과 임진강에서 풍류를 즐기고 〈우화등선〉, 〈웅연계람〉을 그리다.
1745년(70세)	양천 현령 임기를 마치다. 이듬해 외할아버지 집안으로부터 〈주자서절요〉 서문을 물려받은 기념으로 《퇴우이선생진적첩》을 만들다.
1747년(72세)	아우 정유가 세상을 떠나다. 봄에 세 번째 금강산 여행을 한 후 《해악전신첩》을 남기다.
1751년(76세)	친구 이병연이 세상을 떠나다. 〈인왕제색도〉를 그리다. 이 무렵을 전후하여 대표작인 〈금강전도〉, 〈박연폭포〉를 그리다
1756년(81세)	종2품 가선대부 동지중추부사가 되다.
1759년(84세)	3월 24일 세상을 떠나다. 양주 해등촌면 계성리(지금의 서울시 도봉구 쌍문동)에 묻히다. 친하게 지냈던 조영석이 〈겸재 정선을 애도하는 글〉을 남기다. 자는 원백이며 호는 난곡, 겸재를 쓴다.

이 책에 실린 작품

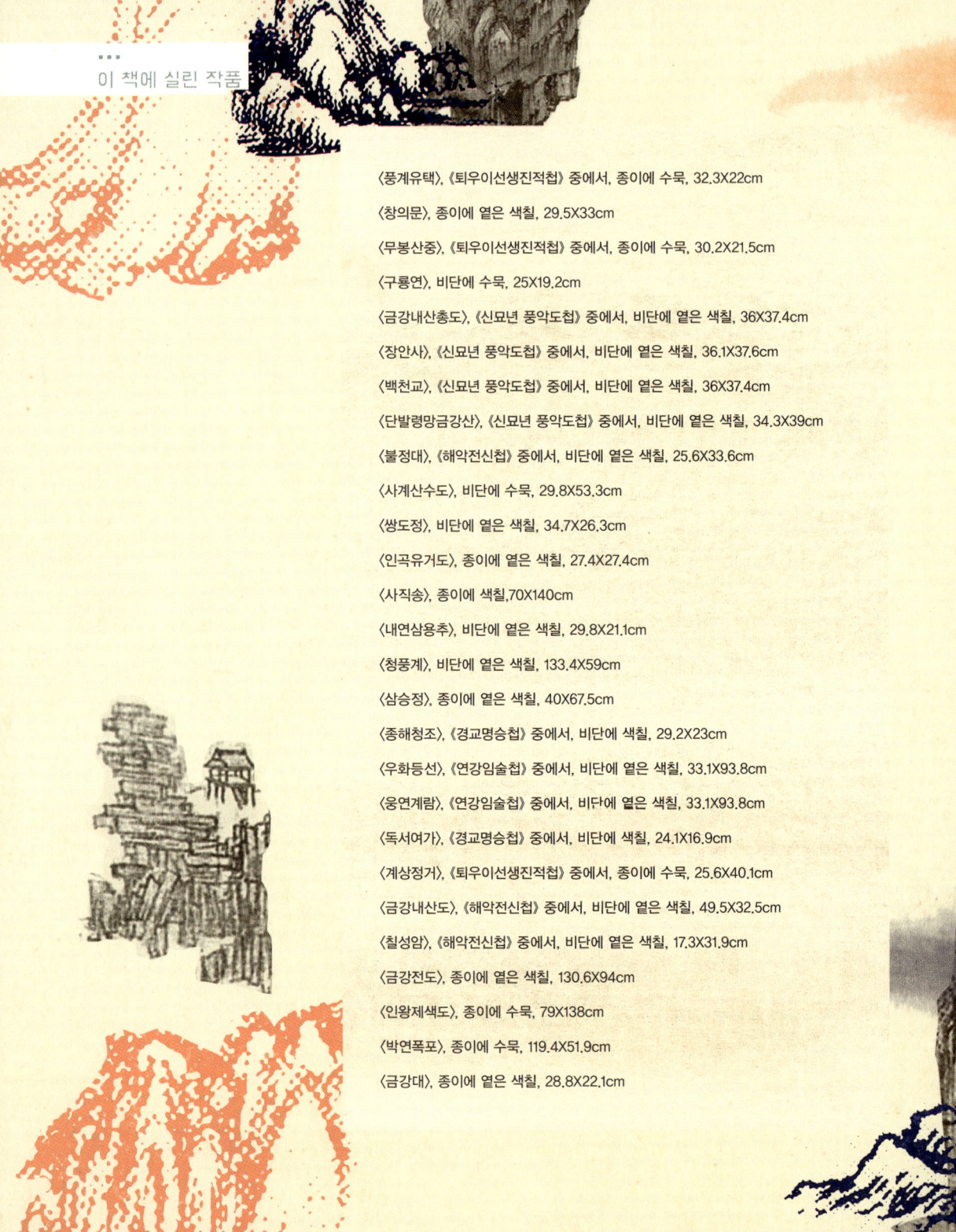

〈풍계유택〉,《퇴우이선생진적첩》중에서, 종이에 수묵, 32.3X22cm

〈창의문〉, 종이에 옅은 색칠, 29.5X33cm

〈무봉산중〉,《퇴우이선생진적첩》중에서, 종이에 수묵, 30.2X21.5cm

〈구룡연〉, 비단에 수묵, 25X19.2cm

〈금강내산총도〉,《신묘년 풍악도첩》중에서, 비단에 옅은 색칠, 36X37.4cm

〈장안사〉,《신묘년 풍악도첩》중에서, 비단에 옅은 색칠, 36.1X37.6cm

〈백천교〉,《신묘년 풍악도첩》중에서, 비단에 옅은 색칠, 36X37.4cm

〈단발령망금강산〉,《신묘년 풍악도첩》중에서, 비단에 옅은 색칠, 34.3X39cm

〈불정대〉,《해악전신첩》중에서, 비단에 옅은 색칠, 25.6X33.6cm

〈사계산수도〉, 비단에 수묵, 29.8X53.3cm

〈쌍도정〉, 비단에 옅은 색칠, 34.7X26.3cm

〈인곡유거도〉, 종이에 옅은 색칠, 27.4X27.4cm

〈사직송〉, 종이에 색칠, 70X140cm

〈내연삼용추〉, 비단에 옅은 색칠, 29.8X21.1cm

〈청풍계〉, 비단에 옅은 색칠, 133.4X59cm

〈삼승정〉, 종이에 옅은 색칠, 40X67.5cm

〈종해청조〉,《경교명승첩》중에서, 비단에 색칠, 29.2X23cm

〈우화등선〉,《연강임술첩》중에서, 비단에 옅은 색칠, 33.1X93.8cm

〈웅연계람〉,《연강임술첩》중에서, 비단에 옅은 색칠, 33.1X93.8cm

〈독서여가〉,《경교명승첩》중에서, 비단에 색칠, 24.1X16.9cm

〈계상정거〉,《퇴우이선생진적첩》중에서, 종이에 수묵, 25.6X40.1cm

〈금강내산도〉,《해악전신첩》중에서, 비단에 옅은 색칠, 49.5X32.5cm

〈칠성암〉,《해악전신첩》중에서, 비단에 옅은 색칠, 17.3X31.9cm

〈금강전도〉, 종이에 옅은 색칠, 130.6X94cm

〈인왕제색도〉, 종이에 수묵, 79X138cm

〈박연폭포〉, 종이에 수묵, 119.4X51.9cm

〈금강대〉, 종이에 옅은 색칠, 28.8X22.1cm

지은이 **최석조**

초등학교에서 아이들을 가르치고 있습니다. 한신대학교 교육대학원에 다니면서 우리 옛 그림을 알게 되었고 금방 그 멋스러움에 흠뻑 빠져들었습니다. 지금도 글 쓰고 강연도 하며 친구들에게 쉽고 재미있게 우리 옛 그림을 소개하는 데 힘쓰고 있습니다. 지은 책으로는 《김홍도의 풍속화로 배우는 옛 사람들의 삶》《신윤복의 풍속화로 배우는 옛 사람들의 풍류》《우리 옛 그림의 수수께끼》《재미로 북적이는 옛 그림 길》《조선시대 초상화에 숨은 비밀 찾기》 등이 있습니다.

그린이 **조승연**

홍익대학교에서 동양화를 전공하고, 프랑스에서 일러스트레이션을 공부했으며 지금은 어린이책 일러스트레이터로 활발하게 활동하고 있습니다. 《사춘기 가족》, 《달리는 기계, 개화차, 자전거》, 《우리 집 괴물 친구들》, 《셜록 홈즈》 등에 그림을 그렸습니다.

겸재 정선, 조선의 산수를 그리다

2014년 11월 7일 1판 1쇄

지은이 최석조 | **그린이** 조승연

기획·편집 최일주, 이혜정 | **교정** 이혜경 | **디자인** 민트플라츠 송지연 | **제작** 박흥기
마케팅 이병규, 최영미, 양현범, 정은숙 | **인쇄** 코리아피앤피 | **제책** 경원문화사

펴낸이 강맑실 **펴낸곳** (주)사계절출판사 **등록** 제 406-2003-034호 **주소** (우)413-756 경기도 파주시 회동길 252
전화 031)955-8588, 8558 **전송** 마케팅부 031)955-8595, 편집부 031)955-8596 **홈페이지** www.sakyejul.co.kr
전자우편 skj@sakyejul.co.kr **독자 카페** 사계절 책 향기가 나는 집 cafe.naver.com/sakyejul
트위터 twitter.com/sakyejul **페이스북** facebook.com/sakyejul

값은 뒤표지에 적혀 있습니다. 잘못 만든 책은 구입하신 서점에서 바꾸어 드립니다.

사계절출판사는 성장의 의미를 생각합니다. 사계절출판사는 독자 여러분의 의견에 늘 귀기울이고 있습니다.

978-89-5828-802-2 73600
978-89-5828-775-9 (세트)

이 책의 국립중앙도서관 출판시도서목록(CIP)은 다음 홈페이지에서 이용할 수 있습니다.
http://www.nl.go.kr/ecip CIP제어번호: CIP2014030475